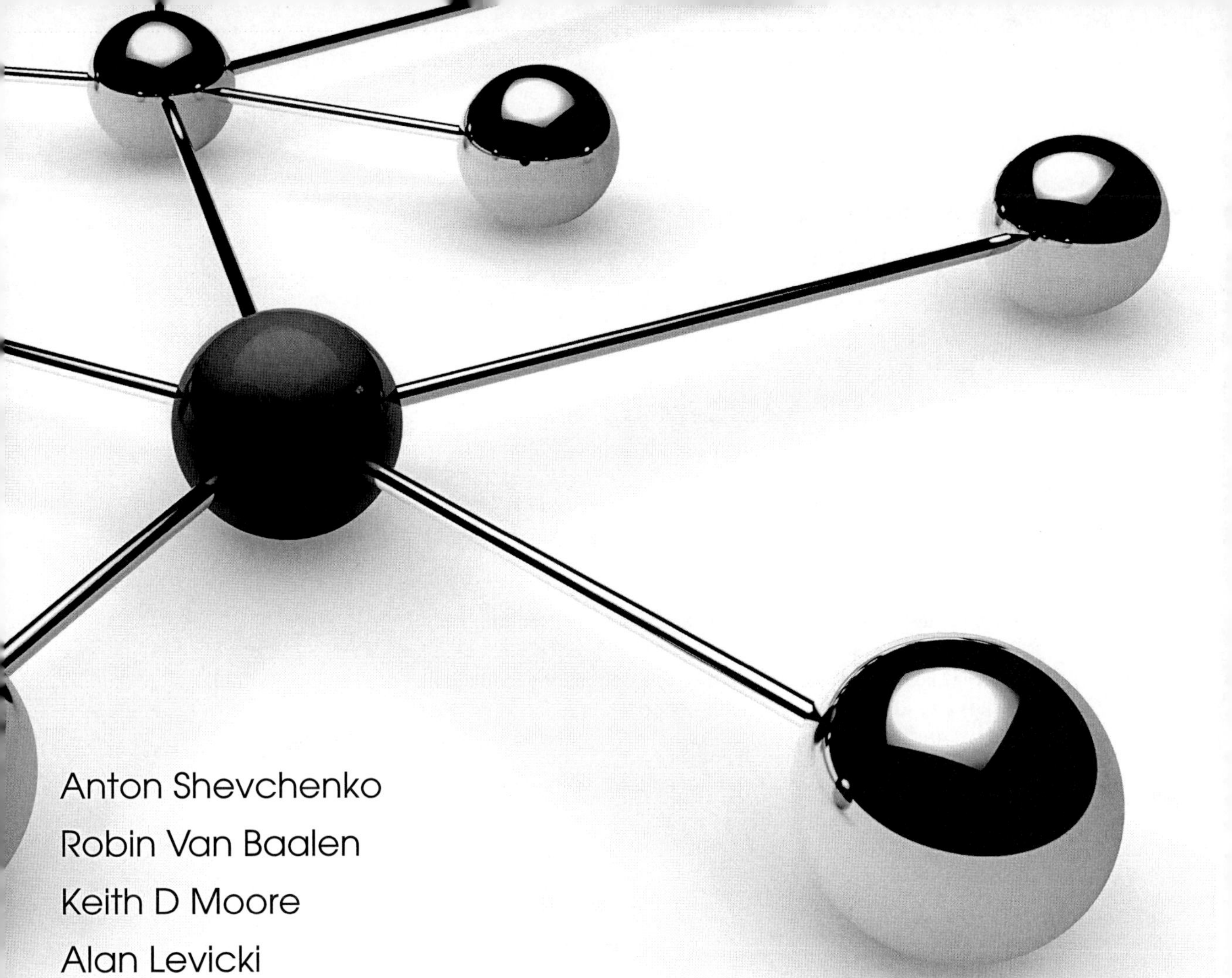

Anton Shevchenko

Robin Van Baalen

Keith D Moore

Alan Levicki

Diego Netto

엣지있게 설명한 ionic

크로스 플랫폼 하이브리드 앱 개발을 위한 실습

송성광 옮김

홍릉과학출판사

DEVELOPING AN IONIC EDGE:

HTML5 CROSS PLATFORM HYBRID APPS

Authors : Anton Shevchenko, Robin van Baalen, Keith D. Moore, Diego Netto, Alan Levicki

역자의 글

스마트폰은 사용자들의 라이프 스타일을 변화하게 만들었다. PC의 웹 컨텐츠에 의존했던 라이프 스타일은 스마트폰의 등장 이후, (언제 어디서든지 인터넷에 연결되어 있는) 스마트폰의 어플리케이션을 사용하여 정보를 실시간으로 생산하거나 검색하는 패턴으로 바뀌었다. 이러한 이유 때문에 스마트폰의 보급이 폭발적으로 증가하였고 스마트폰 개발자의 수요도 급격하게 늘어났다. 국내의 스마트폰 플랫폼은 대표적으로 iOS와 Android으로 나눌 수 있다. 대형 기업에서는 두 가지 플랫폼의 인력을 각각 채용하여 서비스를 개발하였지만, 중소형 기업이나 개인 개발자들은 두 가지 플랫폼을 개발하기 위해 상당한 시간과 노력을 들일 수밖에 없었다. 크로스 플랫폼의 문제뿐만 아니라 SDK의 버전에 따른 호환성 문제 때문에 개발자들은 점점 더 힘들어지기 시작했다. 이런 크로스 플랫폼 문제와 단편화 문제를 해결하기 위해서 하이브리드 어플리케이션 개발 방법이 등장하였다.

하이브리드 어플리케이션은 스마트폰이 내장하고 있는 웹뷰 기반의 어플리케이션으로 기존의 웹 개발 기술을 사용하여 크로스 플랫폼에서 동작할 수 있다. 하이브리드 어플리케이션 개발을 위해 (스마트폰에 최적화된) 하이브리드 어플리케이션 개발 프레임워크들이 등장하기 시작하였는데 대표적인 프레임워크가 이 책에서 소개하는 Ionic 프레임워크이다.

역자가 Ionic 프레임워크를 선택하여 스마트폰 어플리케이션을 개발하게 된 이유는 하이브리드 어플리케이션의 등장 이유와 같다. 새롭게 서비스를 개발할 때 크로스 플랫폼과 SDK의 단편화 문제로 인해 요구되는 시간 비용을 감당할 수 없었기 때문이었다. 그래서 하이브리드 어플리케이션 개발 프레임워크에 대한 조사와 연구를 시작하였고 Ionic 프레임워크에 대한 만족도가 가장 높아서 이 프레임워크를 선택하게 되었다. 좀더 구체적인 이유는 다음과 같다.

- MVC 패턴 개발이 가능한 하이브리드 어플리케이션 개발 프레임워크
- MVVC 패턴 개발이 가능한 하이브리드 어플리케이션 개발 프레임워크
- Two-way 바인딩이 가능한 하이브리드 어플리케이션 개발 프레임워크
- Plugins 개발이 가능한 하이브리드 어플리케이션 개발 프레임워크
- 네이티브와 가까운 성능을 보장하는 하이브리드 어플리케이션 개발
- 활발한 커뮤니티니

Ionic은 우리의 요구사항을 모두 만족시켜주었다. Ionic은 내부적으로 AngularJS와 Cordova 프로젝트를 포함하고 있기 때문에 기존에 사용하던 웹 개발 방법과 네이티브 플러그인 개발 방법을 모두 사용할 수 있었다. 기존의 네이티브 어플리케이션으로 iOS와 Android 어플리케이션을 각각 개발하던 것을 Ionic을 사용하여 하이브리드 어플리케이션을 개발하였다. 이 어플리케이션은 Ionic 공식 사이트의 Ionic Showcase에서 확인할 수 있다.

처음 Ionic을 접하게 되었을 때, 어떻게 이렇게 쉽게 어플리케이션을 개발할 수 있는지 흥분하지 않을 수 없었다. 성능 또한 만족하게 나온다. Ionic을 접하기 전에 다른 하이브리드 어플리케이션 개발 프레임워크를 사용하였다가 성능이 너무 좋지 않아서 하이브리드 어플리케이션에 대해서 비관적이였는데, Ionic으로 개발한 어플리케이션은 네이티브어플리케이션과 비슷한 수준의 성능을 얻을 수 있었다. AngularJS 2.0의 도입과 Ionic 개발자 커뮤니티의 지속적인 노력으로 성능은 점점 더 좋아질 것으로 예상한다.

처음 Ionic을 도입하여 하이브리드 어플리케이션을 개발할 때 참조할 수 있었던 문서는 Ionic 사이트에서 제공하는 가이드라인과 커뮤니티 Q an A 밖에 없었다. 그래서 이 책은 국내에서 Ionic에 관련해 소개되는 최초의 책이 될 것이다. 이 책은 Ionic을 사용하여 단 한줄의 네이티브코드 없이 Instagram API를 연동하는 네이티브 어플리케이션을 개발하는 방법을 소개

한다. 멋지지 않은가? 이 책은 Ionic의 기본 개념을 설명하지 않는다. AngularJS에 대한 이해가 바로 기본 개념이다. 다시 말해서 AngularJS에 대한 사전 지식이 있다면 Ionic 어플리케이션을 아주 쉽고 다양하게 개발할 수 있을 것이다. 만약 AngularJS에 대한 지식이 없어도 이 책을 읽고나면 Ionic 핵심 컴포넌트 HTML 마커업을 사용하여 빠르고 쉽게 하이브리드 어플리케이션을 개발할 수 있을 것이다.

이 책을 번역하는 도중에도 원문이 두번이나 바뀌었다. 저자도 책에서 소개하듯 이 책은 Ionic 핵심 개발자가 Ionic이 정식 1.0 버전이 릴리즈 되기 전에까지 가장 최신 Ionic 기술을 담고 있다. 또한 이 책을 위해 저자가 개발한 데모 어플리케이션도 가장 최신 라이브러리와 기술을 사용하였기 때문에 이 책을 읽고 난 다음 여러분은 가장 최신 기술로 Ionic 기반의 어플리케이션을 개발할 수 있을 것이다.

이 책이 출판되기 까지 많은 분의 도움이 있었다. 스마트폰 개발 연구에 집중할 수 있도록 아낌 없이 도와주시고 가르쳐주시는 우용태 교수님, 언제나 좋은 멘토가 되어주시는 문현정, 김영지 박사님, 함께 연구하고 있는 하이브레인넷 부설연구소 연구원들, 데이터베이스 연구부터 컴퓨터에 관련된 모든 지식을 함께 연구하는 창원대학교 데이터베이스 연구실 연구원들, 하이브리드 어플리케이션 개발을 시작할 수 있게 도와주셨던 전 KTH 부사장님과 Appspresso 개발자분들, 이 책이 나오기 까지 많은 도움을 주신 홍릉출판사의 이송복 대리님, 항상 멀리서 응원하고 기도해주시는 양가 부모님과 형제들, 이 책을 위해 작업하는 동안 지치지 않게 늦은 시간까지 함께 해준 사랑하는 아내, 그리고 모든 영광 받으실 하나님께 깊은 감사를 드립니다.

서문

Ionic은 AngularJS를 핵심으로 만들어진 강력한 프레임워크로 화려하고 강력한 모바일 어플리케이션을 개발하는데 도움을 준다. Ionic은 네이티브 성능에 중점을 두고 Apache Cordova와 함께 Android와 iOS 플랫폼 모두에서 동작하는 네이티브 어플리케이션과 같은 하이브리드 모바일 어플리케이션을 개발하는데 사용한다. Ionic은 Cordova 기반의 모바일 어플리케이션을 개발할 때 사용하는 build, test 그리고 deploy 명령어를 Ionic에 맞게 다시 랩핑하여 command-line interface(CLI)로 제공한다.

Ionic은 수많은 모바일 컴포넌트, 타이포그래피, 그리고 화려하고 확장이 가능한 기본 테마를 가지고 있다. 이것을 이용하여 현존하는 모든 모바일 디바이스에 일관성있고 아름다운 디자인을 할 수 있다.

Ionic은 2013년 후반에 처음으로 알파 버전을 릴리즈하였다. 처음 릴리즈에서는 iOS에 중점을 두고 개발을 하였다. 그동안 제작자들은 iOS와 Android에서 동일한 성능과 같은 행동으로 다룰 수 있는 것을 원하기 시작했고 그것을 명확하게 만들었다. 많은 베타 버전과 주요 변경 이후, Ionic은 iOS와 Android 모두 커버하는 v1.0 RC를 릴리즈했다. 이 책에서 설명하고 Trendicity 어플리케이션을 만들때 이 버전을 사용한다.

왜 Ionic을 사용하는가?

당신은 side menu, modals, tab 그리고 button과 같은 기본 컴포넌트와 함께 단순히 붙여넣기만 하여 모바일 어플리케이션을 개발할 수 있는 것을 찾아 본 적이 있는가? 만약 트위터의 Bootstrap과 같이 모바일에 최적화된 프레임워크를 사용했지만 당신이 원하는 것을 충분히 만족하지 못한 적이 있는가? 당신이 많은 DOM을 조작하여 성능이 좋지 않은 어플이케이션을 데스크탑 브라우저에서 개발한 적이 있는가?

위 질문 중에 하나라도 Yes라고 말한다면 당신은 왜 Ionic을 사용해야 하는지 알고 있는 것이다. 강력한 AngularJS 프레임워크를 핵심으로 네이티브 성능에 촛점을 둔 Ionic은 크로스 플랫폼 모바일 어플리케이션을 개발할 때 가장 필요한 라이브러리가 될 것이다. 많은 이슈를 가지고 있는 스크롤링 동작, 많은 아이템을 가진 긴 리스트의 성능 그리고 탭 기능들이 이미 안정적으로 만들어져 있다. 이러한 이유 때문에 개발자들은 다양한 플랫폼의 호환성 문제를 고민하지 않고 어플리케이션 개발에만 초점을 맞출 수 있다.

이 책을 읽기전에 알고 있어야 하는 것은 무엇인가?

이 책을 읽기 전에 최소한 HTML, CSS 그리고 JavaScript를 포함한 일반적인 웹 개발에 대한 기초 지식이 필요하다. 특히 일반적인 JavaScript의 이해와 AngularJS의 특별한 용어에 대한 기본 지식이 있으면 Ionic의 특징과 예제코드를 이해하는데 많은 도움이 된다.

소스 코드 / 예제 어플리케이션

이 책을 위해, 저자들은 Ionic의 특징과 핵심 기술을 참조하고 실습할 수 있도록 예제 어플리케이션을 개발하였다. 이 어플리케이션은 오픈 소스이고 누구나 무료로 이용할 수 있다. https://github.com/trendicity/trendicity에서 소스코드를 직접 다운받거나 git를 이용하여 저장소를 복제할 수 있다.

```
git clone https://github.com/trendicity/trendicity.git
trendicity-app
```

이 책은 무엇을 가르치는가?

이 책은 ionic 프레임워크와 AngularJS을 가지고 모바일 어플리케이션을 시작, 개발, 맞춤제작 그리고 설치하는 과정을 소개한다. 우리는 CLI와 같은 기본적인 툴을 다룰 것이다. 우리는 가능한 Ionic의 특징을 많이 사용하여 데모용으로 만든 모바일 어플리케이션 Trendicity의 개발 내용을 처음부터 심도 깊게 살펴볼 것이다.

개발 환경, 툴 다루기 그리고 작업과정

Ionic 프로젝트를 시작하기 위해, 필수적이거나 권장하는 툴과 작업과정을 가지고 시작하는 것이 중요하다. Ionic CLI의 사용을 위해 Node.js, GIT 그리고 Ionic CLI를 미리 설치해야 한다. 데모 프로젝트인 TrendiCity를 설치할 때 Grunt 그리고 Bower와 같은 강력한 프론트 엔드 툴을 사용하여 설치할 것이다.

Trendicity

데모 어플리케이션 Trendicity의 소스코드를 한줄 한줄 따라가면서 살펴볼 것이다. 어플리케이션의 모든 뷰를 다룰 것이다. 어떤 것은 Ionic 코어 UI 엘리먼트와 혼합하여 기본적인 설정을 할 것이다. sidemenu를 다루는 것부터 tab view안에 포함된 view를 통합하는 것까지 이 장에서 다룰 것이다. Trendicity는 사용자의 위치정보들을 Favorite으로 저장할 수 있고, 근접한 곳의 Instagram 포스트를 지도위에 표시할 수 있다. 또한 이전에 Favorite으로 저장한 위치의 Instagram 포스트들을 가져올 것이다.

어플리케이션 라우트 설정하기와 사이드메뉴 구현하기

Trendicity의 큰 그림을 살펴본 후에, Ionic의 지시자를 사용한 가장 일반적인 것부터 작업해 볼 것이다. 사이드메뉴에 관련된 지시자에 관해서 의견을 나누고, 그것을 어떻게 사용하고, 그것들이 어플리케이션에서 무엇을 할 수 있는지 살펴볼 것이다. menu-close 지시자는 쉽게 슬라이드 메뉴를 토글할 수 있게 해준다. 슬라이드 메뉴 지시자에 대해 자세하게 의견을 나눈 후에 Angluar UI의 Route component를 사용하여 어플리케이션 라우팅을 하는 방법에 대해서 계속 살펴볼 것이다. 이것은 Ionic 프레임워크에 몇개 안되는 외부 컴포넌트 의존성을 가지는 것 중에 하나이다. 마지막에 우리는 AngularJS의 라우팅 어플리케이션의 미래에서 무엇을 가져올 것인지 짧게 살펴볼 것이다.

Trendicity에서 Favorite 위치 저장하기

위치기반 어플리케이션에서 favorite 위치를 저장하기 위해서 무엇을 해야 하는가? 이 책에서 어떻게 브라우저의 로컬 저장소에 어플리케이션에서 사용자가 favorite 위치를 저장할 수 있는지에 대해서 의견을 나눌 것이다. Ionic의 모달 서비스를 사용하여 사용자는 favorite 위치의 주소를 입력할 수 있을 것이고, 그것을 favorite 위치로 저장할 것이다. 화면 뒤에서 GeoloctionService는 Google Maps API를 사용하여 주소를 geolocation 오브젝트로 변환하도록 설정되어 있다.

Map view와 Ionic 통합하기

일반적으로 프로젝트에서 Map을 사용하려면 개발자들이 꽤 많은 작업을 해야 한다. 현재 Map을 사용하기 위한 많은 라이브러리 프로젝트들이 있다. 그러나 Ionic 프로젝트에서는 몇 가지 탭과 클릭을 하는 것만으로 이 작업을 할 수 있다. 물론 Ionic 은 뒤에서 오픈소스 angular-google-maps 라이브러리와 함께 사용될 것이다.

인증

대부분의 기능이 구현되면, 어플리케이션 보안에 관한 생각을 할 시간이다. Trendicity 어플리케이션은 대부분 계정 없이 자유롭게 사용할 수 있지만 사용자가 인스타그램과 좀더 상호적인 것을 시작하려면 인증을 해야 한다. 여기서는 angular-http-auth 라이브러리를 사용할 것이다. HTTP 인터셉터를 가지고 어떻게 Trendicity 보안을 처리하고 angular-http-auth 라이브러리를 사용하여 OAuth 인증하는 것을 설명한다.

어플리케이션 디자인하기

Ionic과 같은 프레임워크를 가지고 어플리케이션을 개발하는 것은 매우 훌륭한 방법이다. Ionic을 사용하여 모바일 어플리케이션 컨셉을 만들 때, 개발자가 생각하는 것을 빠르게 프로토타입으로 만들고 수정할 수 있다. 사용자 맞춤 제작을 하기 위해 강력한 CSS 확장 언어인 SASS를 이용하여 CSS에 기능을 추가하는 방법을 이 책에서 다루게 될 것이다.

Instagram 서비스 만들기

대부분의 뛰어난 모바일 웹 어플리케이션은 몇 가지 백엔드 형태의 서비스를 함께 사용한다. 이 장의 TrendiCity에서 인스타그램 API를 통해 Instagram 기능을 함께 사용하는 것을 다룰 것이다. OAuth 인증부터 필수적으로 필요한 Cordova 플러그인을 설치하는 것과 Ionic 뷰를 만드는 것까지 이 서비스를 만드는 모든 것을 다루게 될 것이다. 우리는 이 장에서 Model-View-Controller 패턴 관점으로 이것을 다루게 될 것이다.

제품을 위해 빌드하기

어플리케이션 프로젝트가 끝나고 제품을 만들 때, 웹 어플리케이션을 iOS와 Android 플랫폼에 모두 동작하기 위해 하이브리드 어플리케이션으로 변환하는 작업이 필요하다. 이것을 할 때 Cordova와 Grunt는 Ionic 개발자에게 최고의 친구이다. Cordova는 위의 필요한 기능을 가지고 있다. Grunt를 사용하여 모든 작업을 일괄적으로 처리할 수 있거나 더 많은 것을 할 수 있다.

향후 계획

우리는 하이브리드 어플리케이션 개발, AngularJS 그리고 Ionic 프레임워크의 미래에 대해서 살펴볼 것이다. Drift는 Ionic을 위한 몇 가지 흥미롭고 새로운 특징과 제품을 가지고 있다. 이 장에서는 이것들의 로드맵에 대해 살펴볼 것이다. 그들은 Ionic Creator를 출시하려고 하고 있고 플랫폼으로써 Ionic을 약속한다.

집필과정

이책은 5명의 개발자에 의해서 4달동안 빠르게 작성되었다. Ionic과 같은 주제는 개발초기와 다르게 변경이 되었다. 기존의 책은 최신 기술 동향에 뒤쳐지는 반면 이책은 정확한 내용을 가지고 있다.

저자

Anton Shevchenko

Anton Shevchenko는 비즈니스를 위한 확장 가능한 엔터프라이즈 웹 어플리케이션과 모바일 솔루션을 만든 OSEDEA 웹 개발자이다. 현재 윌트루 대학에서 컴퓨터 과학과 명예학위를 전공하고 있다. Anton은 오픈소스 커뮤니티에서 코드를 작성하고 자전거를 즐기고 애플 프리젠테이션을 보며 지내고 있다.

```
.config(function($ionicConfigProvider){
// 탭은 항상 아래에 보여지게 만든다
    $ionicConfigProvider.tabs.position('bottom');

// 네이게이션바에서 타이틀은 중앙 정렬로 만든다
    $ionicConfigProvider.navBar.alignTitle('center');
});
```

Robin van Baalen

Robin van Baalen은 매크로 야망을 가지고 마이크로 팀을 향한 열정을 가진 네덜란드 소프트웨어 개발자이다. 크라사우섬에 있는 Neverwoods에 일하고 있다. Robin은 지역 보험회사부터 국제은행까지 다양한 고객을 위한 하이브리드 어플리케이션과 PHP 백엔드와 함께 AngularJS를 기반으로 하는 웹 어플리케이션을 개발한다. 그는 섬 생활과 웹 기술에 대한 열정을 가지고 있다.

바람부는 날 AFK(Away from keyboard) 일 때 St. Jorisbay에서 카이트서핑을 하는 것을 찾을 수 있다.

Keith D. Moore

Keith D. Moore는 독립 풀스택 모바일과 웹 어플리케이션 개발자/아키텍터이다. Keith는 여러 공장과 도메인 안에서 다양한 언어와 기술로 작업한 경험을 가지고 있다. 그는 최신기술로 고객의 문제를 해결하는 것에 대한 열정을 가지고 있다. 문제를 풀지 않는 동안 Keith는 아내 Tracey, 그의 아들 Kolton과 딸 Ashlyn과 함께 시간을 보내고 있다.

Chris Marshall

Chris Marshall은 시카고 도시에 있는 Vokal Interactive의 웹 엔지니어이다. 그는 모바일 웹 어플리케이션을 만드는 것을 사랑하고 StackOverflow에서 개발자를 도와주고 있다. 그는 온라인에서 @thoughtpalette로 알려져 있다.

Diego Netto

Diego Netto는 오픈소스 에반젤리스트와 소프트웨어 컨설턴트로서 풀스택 엔지니어와 사업가를 겸하고 있다. 그는 http://vqtek.com의 펀드, 로스엔젤레스와 달라스의 소프트웨어 에이전시로 작업하고 있다. Deigo는 스타트업과 포춘 500대 기업이 직관적이고 혁식적인 제품을 제공하기 위해 오픈소스 기술을 사용하는데 도움을 주고 있다. 여가시간에는 다양한 해양스포츠를 즐기거나 보트 전세 회사에 도움을 주는데 시간을 보낸다.

Alan Levicki

Alan Levicki는 주요 picture studio에서 기술적 리더이자 아키텍터로 일했고 매력적인 사용자 경험을 제작하는 엔지니어들의 팀 리드였다. 그는 기술, 맥주 그리고 버번위스키에 대해 애착을 가지고 있다. 그는 현재 텍사스의 오스틴에 거주하고 있고 트위터에서 @alevicki로 찾을 수 있다.

감사

Anton은 Ionic을 소개해준 Martin Coulombe에게 감사를 전한다. 또한 수년간 가족의 아낌없는 지원에 감사를 전한다. Robin은 8살때 그에게 웹 개발을 소개해준 삼촌 Ren van Zon과 항상 최신 웹 기술을 가르쳐준 그의 친구이자 멘토인 Flex Langfeldt에 감사를 전한다. Keith는 소프트웨어 개발을 위한 열정을 추구할 수 있는 대학에 보내주신 부모님과 이 책을 준비하는 동안 지원해준 아내와 아이들에게 감사를 전한다. 우리는 또한 책이 나오기 전에 피드백과 평론을 해준 Wesley Cho, Christopher Cook, Andre Dublin, Damian Karzon, Dominik Schreiber, Jamie Sutherland, Ja- cek Tomaszewski, and Michael Ebo Turkson 테크니컬 리뷰어들에게 감사를 전한다.

차례

3 Trendicity

6 Ionic과 Map view 통합하기

7 인증

8 Instagram Service

9 향후방향

01 소개

모바일 어플리케이션 산업은 21세기에 들어와서 엄청나게 성장하였다. 하드웨어는 좋아졌고 우리가 항상 가지고 다니는 작은 기계들은 기하급수적으로 증가하였다. 모바일 어플리케이션의 수요가 높아졌고 개발자들은 폭 넓은 시장을 위해 다양한 주요 플랫폼에 사용할 수 있도록 개발하기 위한 어려움을 겪고 있다.

가장 일반적인 접근 방법은 네이티브 어플리케이션 개발 방법이다. 이 방법은 iOS/OS X를 위해 Objective-C와 Swift 그리고 Android 개발을 위해 자바를 사용하는 것 같이 다양한 컴퓨터 언어에 대한 깊은 이해와 요구가 필요하다. 더구나 개발자들은 자신의 어플리케이션을 만들기 위해 다양한 프레임워크와 특정 플랫폼에 최적화된 SDK를 사용해야 한다. 하지만 이 방법은 여러 장치를 대상으로 개발할 때 비용이 많이 소모된다.

다른 방법으로 하이브리드 어플리케이션 개발 방법이 있다. 이것은 다양한 플랫폼 어플리케이션을 개발하는데 효과적이다. 본질적으로 하이브리 어플리케이션은 네이티브 어플리케이션이 감싸고 있는 모바일에 최적화된 웹 어플리케이션이다. 이 구조는 네이티브 플랫폼의 특정 코드와 상호 작용을 하지 않고 HTML5, CSS3 그리고 JavaScript를 사용하여 개발할 수 있다. 개발자는 모바일의 성장으로 여러 플랫폼에서 동작하는 모바일 어플리케이션의 요구를 이 새로운 접근 방법으로 대처할 수 있다. 스마트폰의 성장 이후, 이와 같이 하이브리드 어플리케이션 개발 방법으로 어플리케이션을 개발하기 위해 많은 프레임워크가 만들어졌다. Sencha Touch, Kendo UI 그리고 jQuery mobile은 성장하고 있는 모바일 프레임워크들 중에 하나이다. 그리고 DOM 조작을 위한 또 다른 세 가지 주요 프레임워크로 Facebook의 ReactJS, Google의 AngluarJS, 그리고 BackboneJS이 있다. 게다가 Bootstrap, Foundation, 그리고 Topcoat는 하이브리드 어플리케이션을 디자인하는데 도움을 준다. 마지막으로 하이브리드 어플리케이션 개발 플랫폼이 있는데 가장 유명한 Apache의 Cordova, Adobe의 PhoneGap이 있고 Crosswalk라고 불리는 새로운 개발 플랫폼이 있다.

많은 프레임워크에서 어플리케이션을 개발할 때, 어떻게 최적으로 조합을 해야 하는지 결정하는 것은 매우 어려운 일이다. 대부분의 프레임워크들은 모바일 디바이스의 하드웨어 제한 사항에 최적화되어 있지 않고, 디바이스에 대한 안정성의 문제를 가지고 있다. 이것이 Ionic이 등장하게 된 이유이다.

1.1 Ionic

Drifty는 Ionic을 위해 훌륭한 개발자와 디자이너를 두고 있는 팀이다. 이 회사는 과거에 Bootstrap을 위한 인터페이스 빌더인 Jetstrap과 하이브리드 어플리케이션과 모바일 웹 사이트를 제작하기 위한 온라인 드래그 앤 드랍 툴인 Codiqa을 성공적으로 만들었다. Drifty의 현재 목표는 Ionic 제품을 제공하여 하이브리드 모바일 어플리케이션 개발을 개선하는 것이다.

Ionic은 Apache의 Cordova, AngluarJS 그리고 AngularJS-UI-Router의 조합으로 이루어졌다. 이것은 어플리케이션을 구조와 컴포넌트 그리고 스타일을 개발할 때 사용되어 진다. Ionic은 이것들을 통합하여 다루는 최고의 모바일 어플리케이션 개발 프레임워크이다. Ionic은 어플리케이션을 개발할 때 디자인과 기능을 개발하는데 집중할 수 있게 해준다. Cordova를 사용하여 프로젝트 가장 최상위에서 몇 줄만 입력하면, Cordova는 디바이스의 카메라와 앨범 그리고 위치정보 등 다양한 네이티브 기능을 다룰 수 있다. 뿐만 아니라 디바이스 웹에서 motion/orientation과 push notification 등 네이티브 기능을 다룰 수 있기 때문에 네이티브와 하이브리드 기능의 경계선을 추상화할 수 있다.

게다가 Ionic의 AngularJS를 함께 사용할 수 있어 개발자가 controller, service 그리고 diretives 코드로 만든 것을 이후 사용할 수 있다. 마지막으로 AngularJS는 오픈소스 커뮤니티에서 만들어진 셀수 없이 많은 확장 모듈을 가지고 있다. 예를들면, Trendicity 어플리케이션에서는 모바일 디바이스에서 여러 값을 저장하기 위해 잘 알려진 angular-local-storage 모듈를 함께 사용한다. 뿐만 아니라, Ionic은 오픈소스 커뮤니티에 초점을 맞추고 있다. 프레임워크 자체를 오픈소스로 만들 뿐만 아니라 팀원들은 구체적인 문서를 만들고 CodePen에서 코드샘플들을 제공하고 있다. 공개포럼에서 다른 개발자와 소통을 하고 Ionic 팀에 직접 의견을 나눌 수도 있다.

각 장을 따라가면서, Ionic을 이용하여 Trendicity 어플리케이션을 개발하기 위한 프로세스를 하나씩 함께 살펴볼 것이다. 뿐만 아니라 하이브리드 모바일 어플리케이션을 만들 때, Ionic 프레임워크를 사용할 수 있게 도와줄 것이다.

Developing an Ionic Edge

02

개발 환경, 툴 다루기와 작업흐름

이 장에서는 Ionic 프로젝트를 시작부터 실행하기 위한 모든 것을 다루게 될 것이다. Ionic 프로젝트를 설정하는 Ionic 커맨드라인 툴을 어떻게 사용할지를 배우고, Ionic 프로젝트를 위한 기본 골격을 설치하는 것을 배울 것이다. 그리고 프로젝트에 플랫폼과 플러그인을 추가하는 것과 로컬에서 브라우저와 에뮬레이터를 통해 테스트하고 실제 디바이스에 설치해서 테스트하는 것을 배울 것이다.

저자가 만들어 놓은 Ionic Box를 포함한 고급 옵션들을 다룰 것이다.

2.1 사전설치 - Node.js와 Git

Ionic은 Node.js가 제공하는 강력한 모듈 저장소를 사용한다. Node.js는 JavaScript 기반의 플랫폼으로 이것을 이용하여 쉽게 웹 어플리케이션을 만들 수 있다. Ionic은 설치와 개발을 쉽게하기 위해 Node.js와 NPM(Node Package Manager)을 사용한다.

2.1.1. Node.js 설치하기

Node.js는 http://nodejs.org/download/ 에서 Windows 또는 OSX를 위한 인스톨러를 다운받아 설치할 수 있다. 또는 OSX 사용자는 Homebrew를 이용하여 Node.js를 설치할 수 있다.

만약 Homebrew에 익숙하지 않다면 위의 다운로드 링크를 통해 설치할 수 있다. Homebrew를 사용할 경우 다음 명령어를 이용해서 설치할 수 있다.

```
$ brew install node
```

Node.js를 설치 후, 프롬프트에서 다음 명령어로 설치된 것을 확인할 수 있다.

```
$ node
```

정상적으로 설치가 되었다면 Node.js의 콘솔이 나타날 것이다. 이것은 브라우저에서 사용하는 JavaScript의 콘솔과 비슷하다. 콘솔 안에서 다음 코드를 작성해 보자.

```
> console.log('Hello World');
```

위 코드를 작성하고 엔터를 치면 다음과 같은 결과를 볼 수 있다.

```
> console.log('Hello World');

Hellow World
undefined
```

Node.js 콘솔을 나가기 위해서는 CTRL+C를 두 번 입력하면 된다.

2.1.2. GIT 설치하기

NPM은 Node.js 패키지를 Bower는 브라우저 의존성을 위한 것이다. Ionic은 HTML5 기반의 모바일 프레임워크이기 때문에 Bower를 이용하여 쉽게 의존성을 관리하고 설치할 수 있다. Bower는 GIT를 필수로 요구한다. 이러한 이유 때문에 시작하기 전에 반드시 GIT를 설치해야 한다. GIT를 위한 인스톨러는 http://git-scm.com/downloads에서 모든 플랫폼에 해당하는 것을 다운 받을 수 있다.

GIT 설치 후, 터미널을 열어서 다음 내용을 입력한다.

```
$ git version
```

위 명령어를 실행하면, 다음과 같은 결과를 출력한다.

```
git version 1.9.3 (Apple Git-50)
```

2.2 Ionic 설치

우리는 Node.js와 Git를 설치했다. Ionic을 설치하는 것은 아주 쉽다. 터미널을 열어서 다음 내용을 입력한다.

```
$ npm install -g cordova ionic
```

이 한 줄은 NPM으로 Cordova와 Ionic 패키지를 해당하는 모듈과 함께 설치한다. -g 옵션은 NPM이 모든 프로젝트에 사용할 수 있게 전역으로 설치한다는 것을 의미한다. NPM 설치가 끝나면 어떤 것이 설치되었는지를 출력할 것이다. 다음 내용을 통해 모듈이 잘 설치되었는지 확인할 수 있다.

2.2.1. Cordova

Cordova는 HTML과 네이티브 기능과 웹을 연결해 주는 오픈소스 프로젝트이다. 이것을 사용하여 개발자들이 디바이스의 카메라와 위치정보 그리고 디바이스 orientation과 같은 폰의 네이티브한 기능의 장점을 모두 HTML을 기반으로 어플리케이션을 제작할 수 있다. 게다가 사용자가 아이폰 또는 안드로이드를 사용하고 있는지 알 필요 없이 일관성 있는 인터페이스를 만들 수 있다.

2.3 Ionic Command Line Interface(CLI)

Ionic이 커멘드라인 인터페이스로 다음의 작업을 편하게 할 수 있다.

- 새로운 프로젝트 시작
- 플랫폼 추가
- 플러그인 추가
- 프로젝트 모의 동작과 빌드
- 프로젝트 실제 디바이스에 실행
- 어플리케이션 배포를 위한 패키지 작업

2.3.1. 새로운 프로젝트 시작하기

새로운 프로젝트를 만들어 보자. 이 책의 예제를 따라서 실습해 보기 위해 원하는 위치에서 터미널을 연다. 다음 명령어를 실행하면 디렉토리를 만들고 그 안에 어플리케이션을 만들게 될 것이다.

```
$ ionic start trendicity tabs
```

`ionic start` 명령어는 Ionic의 특별한 템플릿을 이용하여 어플리케이션

의 초기 구조를 만든다. 이 명령어는 tabs라는 템플릿을 사용하여 프로젝트를 만들었다. Ionic은 blank(아무런 템플릿을 지정하지 않으면 blank가 기본이 된다), tab 그리고 sidemenu를 템플릿을 지원한다. Ionic은 프로젝트 설정이 끝나면 다음 출력이 보여 진다.

```
Your Ionic project is ready to go!
```

퀵팁을 보기 위해서 다음과 같이 입력하면 된다.

```
$ ionic —help
```

이것은 Ionic CLI가 지원하는 명령어의 목록을 보여 줄 것이다.
위에서 명령어로 만들어진 파일을 살펴보자.

```
$ cd trendicity
$ ls -F
bower.json gulpfile.js ionic.project plugins/ www/ config.xml
hooks/ package.json scss/
```

- bower.json : Bower 의존성을 관리하는 파일
- gulpfile.js : Gulp는 빌드툴이다. 이 파일은 빌드의 설정과 순서를 정의하는 파일이다. 더 많은 정보는 http://gulpjs.com에서 찾아볼 수 있다.
- ionic.project : Ionic 프로젝트 설정 파일
- plugins/ : Ionic 플러그인들이 설치되는 디렉토리
- www/ : 어플리케이션 코드가 저장되는 디렉토리
- config.xml : Cordova 설정 파일
- hooks/ : Cordova Hook 디렉토리
- package.json : Node.js 의존성을 관리하는 파일
- scss/ : SASS 파일들이 저장되는 디렉토리

이 중에서 `www/` 디렉토리를 살펴보자.

```
cd www
ls -F
css/ img/ index.html js/ lib/ templates/
```

- css/ : 어플리케이션의 css 파일을 저장하는 디렉토리
- img/ : 어플리케이션의 필요한 이미지를 저장하는 디렉토리
- index.html : 어플리케이션의 엔트리 포인트
- js/ : JavaScript 코드를 저장하는 디렉토리
- lib/ : 써드파티 라이브러리와 Ionic 라이브러리를 저장하는 디렉토리
- template/ : 어플리케이션의 템플릿들을 저장하는 디렉토리

`js/` 디렉토리 안을 살펴보면 `app.js`, `controllers.js` 그리고 `services.js` 세 가지 파일을 찾을 수 있다.

- app.js : 어플리케이션의 엔트리 포인트로 여기에 라우팅 정보를 포함하고 있다.
- controller.js : 예제 어플리케이션을 위한 모든 컨트롤러를 정의하고 있다.
- services.js: 어플리케이션을 위한 재사용 가능한 서비스를 정의하고 있다.

2.3.2. 브라우저에서 개발

Ionic은 어플리케이션을 에뮬레이터를 통하여 테스트하는 것을 브라우저 안에서 빠르게 테스트할 수 있다. 이것은 Ionic이 HTML5 기반의 플랫폼으로 브라우저 안에서 동작할 수 있기 때문이다. 터미널을 열고 프로젝트 디렉토리에서 다음을 입력하자

```
$ionic serve
```

위 명령을 실행하면 프로젝트 어플리케이션이 브라우저에서 열릴 것이다. 만약 브라우저가 자동으로 열리지 않는다면 다음과 같이 할 수 있다. 위 명령어를 실행 후 터미널에 출력된 결과를 보면 Ionic은 어플리케이션을 열기 위한 URL을 출력할 것이다.

```
Running dev server: http://localhost:8100
```

브라우저를 열고 출력된 URL을 주소창에 입력하면 어플리케이션을 볼 수 있을 것이다. 이 명령어는 프로젝트 안의 파일들을 모니터링하여 파일이 변경되면 자동으로 브라우저를 새로고침하여 변경된 내용을 반영한다. `./www/templates/tab-dash.html` 파일을 열고 수정한다:

```
<h1>Dash</h1>
```

위 내용을 아래와 같이 수정한다.

```
<h1>Trendicity</h1>
```

브라우저는 리로드가 되고 즉시 변경된 것을 볼 수 있다.

2.3.2.1. IONIC LAB

iOS와 Android 모두를 위한 어플리케이션을 개발할 때, 이것은 두 플랫폼에서 모두 어떻게 보이는지를 확인할 수 있게 도와준다. Ionic Lab를 이용하면 두가지 플랫폼에서 다르게 보이는 것을 빠르게 찾을 수 있다. 이것을 사용하는 방법은 단지 서버를 다음과 같이 파라미터를 추가해서 시작하면 된다.

```
$ ionic serve —lab
```

이렇게 시작하면 아래의 스크린샷과 같이 보이게 될 것이다. iOS에서 tabs은 하단에 있고, Android에서는 상단에 위치한다는 것을 살펴볼 수 있다. 또한 title이 iOS에서는 가운데에 위치하고 Android는 왼쪽에 위치하는 것을 살펴볼 수 있다.

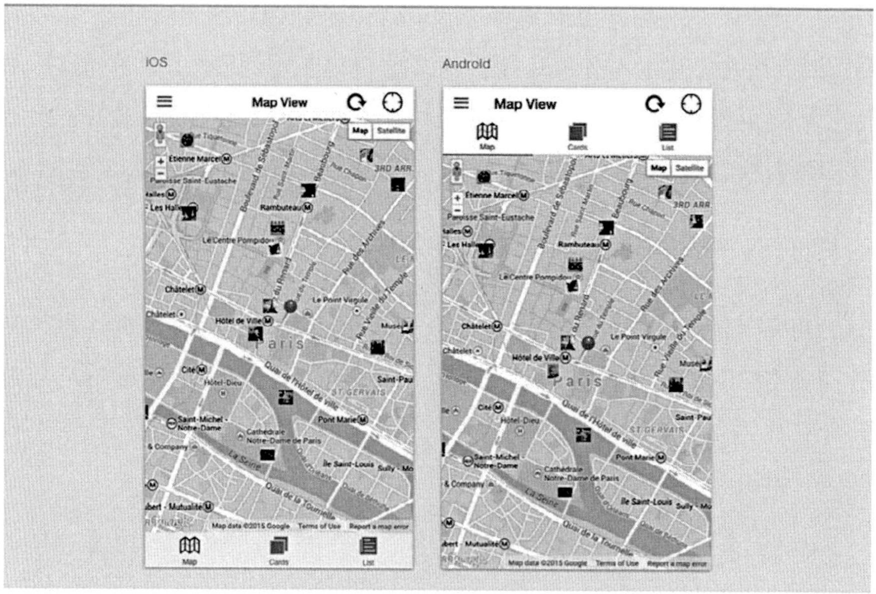

Ionic은 브라우저 안에서 UI 컴포넌트를 표현하는데 실제로 `.platform-ios`와 `.platform-android` 클래스로 적용한다. 디바이스에 설치할 때, Cordova hook는 플랫폼을 기반으로 적절한 클래스를 적용할 것이다. 이 플랫폼의 사용자는 어플리케이션 측면에서 동일하게 나타날 것이다. Ionic은 이 플랫폼에 맞추어 지도록 시도할 것이다. 그러나 만약 어플리케이션이 플랫폼에 개의치 않게 나타나려면

`$ionicConfigProvider` 기반으로 아주 쉽게 변경할 수 있다. 예를들어, 만약 tabs를 플랫폼에 상관없이 바닥에 두고 싶을 때, 그것을 할 수 있다. 비슷하게 만약 네비게이션 바에 title이 항상 중간에 보여 주고 싶을 경우도 마찬가지로 변경할 수 있다. 아래 예제는 `app.js` 파일 안의 `.config` 블럭에서 어떻게 변경하는지 보여 주는 예제이다.

```
.config(function($ionicConfigProvider){
    // 탭은 항상 아래에 보여지게 만든다
    $ionicConfigProvider.tabs.position('bottom');
    // 네이게이션바에서 타이틀은 중앙 정렬로 만든다
    $ionicConfigProvider.navBar.alignTitle('center');
});
```

2.3.2.2. 프록시

만약 브라우저 테스트를 진행하는 동안 어플리케이션이 CORS(Cross Origin Resouce Sharing)가 허락하지 않는 API 엑세스를 한다는 에러를 보여 줄 때, Ionic은 이러한 요청을 처리하기 위한 proxy 기능이 내장되어 있다. 어플리케이션의 디레토리 최상위 경로에 있는 ionic.project 파일을 열어 보자.

```
{
  "name":"your_apps_name",
  "app_id:""
}
```

이 파일에 proxy 배열을 추가한다.

```
{
  "name":"your_apps_name",
  "app_id":"",
  "proxies":[
    {
      "path":"/proxied/resources",
      "proxyUrl":"https://api.somesite.com/resources"
    }
  ]
}
```

이 예제에서 path는 프록시하려는 로컬경로이고 proxyUrl은 프록시 해당 경로를 요청할 실제 API 경로이다. 어플리케이션을 개발할 때 이제 https://api.somesite.com/resouces 대신 http://localhost:8081/proxied/resouces로 요청할 수 있다. 주의할 것은 프록시 설정은 디바이스나 에뮬레이터를 통한 테스트에는 할 수 없고 오직 브라우저 테스트에서만 할 수 있다.

2.3.3. 플랫폼 추가하기

어플리케이션을 빌드하거나 배포할 때 어떤 플랫폼에 설치할 것인지 결정하는 것이 필요하다. CLI를 이용하여 플랫폼 구성 요소를 설치할 수 있다. iOS 플랫폼을 추가하자.

```
$ ionic platform ios
```

위 명령어는 iOS 플랫폼을 구축하기 위한 준비와 필요한 의존성들을 설치할 것이다. 주의할 것은 애플 컴퓨터가 아니라면 iOS 플랫폼을 추가할 수 없다. Android 플랫폼을 추가하려면 다음과 같이 할 수 있다.

```
$ ionic platform android
```

Android 플랫폼은 애플 컴퓨터에서 iOS 플랫폼을 추가하는 것과 달리 몇 가지 추가적인 요구사항이 있다. 안드로이드 설정에 관하여는 이 장 후반에 설명할 것이다. 만약 Android 플랫폼에 테스트하는 것을 선택했다면 안드로이드에서 제공하는 기본 안드로이드 에뮬레이터를 사용하지 않을 것을 제안한다. 이 에뮬레이터는 일반적으로 매우 느리다는 불만족스런 평가들이 있다. 반면 Genymotion 에뮬레이터를 설치해서 사용하면 기본적인 안드로이드 에뮬레이터보다 빠른 속도로 개발할 수 있다. Genymotion 에뮬레이터에 관하여 http://www.genymotion.com/에서 더 많은 것을 배울 수 있다.

2.3.4. 빌드 만들기

Ionic은 어플리케이션을 쉽게 빌드로 만들 수 있다. 다음 명령어로 iOS 플랫폼을 위한 빌드를 생성한다.

```
$ ionic build ios
```

성공적으로 빌드가 된 이후 다음과 같은 결과를 보게 될 것이다.

```
** BUILD SUCCESSED **
```

2.3.5. 에뮬레이터에 빌드 실행하기

Ionic은 CLI를 이용하여 디바이스 에뮬레이터에 실행시킬 수 있다. 다음 명령어는 iOS 에뮬레이터에 빌드하고 실행한다.

```
$ ionic emulate ios
```

만약 이전 단계인 빌드를 실행하지 않고 이 명령어를 실행한다면, ionic은 빌드를 위해 프로젝트에 iOS 플랫폼을 추가하고 빌드를 할 것이다. 다음 명령어를 실행하면 브라우저에서 테스트하는 것과 비슷하게 프로젝트 내의 파일이 변경될 때, 에뮬레이터는 자동적으로 리로드하여 어플리케이션을 보여 줄 것이다. 다음 명령어를 실행하면, 에뮬레이터는 당신의 프로젝트의 변화를 기다리다 변경이 되었을 때 리로드할 것이다.

```
$ ionic emulate ios -livereload
```

이것은 프로젝트 내에 어떤 것을 변경할 때 에뮬레이터에 다시 빌드하고 시작하는데 들어가는 많은 시간을 절약할 수 있다.

2.3.6. 디바이스 실행

어플리케이션을 에뮬레이터에서 테스트하는 것도 매우 중요하지만 배포하기 전에 실제 디바이스에서 실행하여 테스트를 할 것이다.

2.3.6.1. iOS

애플 디바이스에서 실행하기 위해서 iOS 개발자 계정이 필요하고 XCode를 실행해야 한다. iOS 개발자 계정은 무료가 아니다. iOS 개발자에 대해 더 많은 것은 다음 링크에서 배울 수 있다: https://developer.apple.com/

programs/ios/ 그리고 다음 링크에서 XCode를 다운받을 수 있다: https://developer.apple.com/xcode/downloads/. iOS 개발자 계정을 만들고 XCode를 설치한 이후 프로젝트 안의 /platform/ios 디렉토리를 XCode로 열어서 테스트를 할 수 있다.

2.3.6.2. Android

지금까지 iOS 어플리케이션을 빌드하고 시뮬레이터에서 테스트하는 것을 설명을 했다. 만약 애플 컴퓨터에서 개발을 하고 있다면 환경을 구축하고 실행하는 것을 더 빠르고 쉽게 할 수 있지만 ionic 프레임워크를 사용하는 것에 대한 훌륭한 기능 중에 하나를 놓치고 있는 것이다. Ionic은 iOS와 Android 양쪽 플랫폼을 위한 빌드를 한 번에 할 수 있다. 안드로이드 플랫폼에 실행하기 위한 옵션을 하나씩 살펴보자.

2.3.6.3. Android SDK 설치하기

첫 번째 방법은 안드로이드 SDK를 다운받고 설치하는 것이다. 안드로이드 SDK는 여기에서 찾을 수 있다: https://developer.android.com/sdk/ 그리고 설치하는 과정은 여기에서 찾을 수 있다: https://developer.android.com/sdk/installing/

2.3.6.4. IONIC BOX

많은 사람들은 안드로이드 SDK를 설치하는데 어려움을 갖고 있다. 이러한 이유 때문에 Ionic 팀은 모든 과정을 쉽게 도와줄 Vargrant box를 만들었다. Vargant는 개발환경을 제공하기 위한 가상머신을 만들기 위한 플랫폼이다. 이것에 관하여 https://www.vagrantup.com/에서 더 많은 것을 배울 수 있다. Vargrant 대부분은 VirtualBox를 사용하지만 여러가지 다른 VM 제공자들과 함께 사용할 수 있다. Vagrant box를 사용하기 위해서 먼저 VirtualBox를 설치하거나 Vargant에서 지원하는 VM 제공자를 설치해야 한다. VirtualBox는 무료이고 여기에서 찾을 수 있다. https://www.virtualbox.org/wiki/Downloads. VirtualBox를 설치하고 Vagrant를 https://www.vagrantup.com/

downloads.html에서 다운로드하고 설치한다. VirutalBox와 Vagrant를 모두 설치한 다음 프로젝트 디렉토리 한 단계 아래로 이동한 후 ionic box 저장소를 복제하고 시작한다.

```
$ cd ..
$ git clone https://github.com/driftyco/ionic-box
$ cd ionic -box
vagrant up
```

처음에는 Vagrant가 사용할 가상머신 이미지를 다운로드 해야 하기 때문에 오랜 시간이 걸린다. ionic box에 어플리케이션 빌드를 만드는 것을 시작하기 전에 VM과 함께 프로젝트의 코드 디렉토리를 공유하는 것이 필요하다. 당신이 사용하는 에디터에서 ionic-box/Vagrantfile을 열어서 다음 코드 라인을 찾는다:

```
# config.vm.synced_folder "../data", "/vagrant_data"
```

위의 것을 다음과 같이 변경한다.

```
config.vm.synced_folder "../trendicity",
"/home/vagrant/trendicity"
```

파일을 저장하고 vagrant 인스턴스를 리로드한다.

```
$ vagrant reload
```

SSH로 vagrant 안으로 접속하여 안드로이드 빌드한다.

```
$ vagrant ssh
vagrant@ionic-android:~$ cd trendicity/
vagrant@ionic-android:~/trendicity$ ionic platform android
```

컴퓨터에 USB를 통해 안드로이드 디바이스를 연결한다. ionic box에서 다음 명령어를 이용해 연결된 디바이스를 볼 수 있다.

```
vagrant@ionic-android:~/trendicity$ sudo /home/vagrant/
android-sdk-linux/platform-tooladb devices
```

디바이스가 나타나는 것을 확인하면, 다음 명령어로 어플리케이션을 디바이스에 실행한다.

```
vagrant@ionic-android:~/trendicity$ ionic run android
```

당신은 다음과 같은 메세지를 보게 될 것이다.

```
Installing app on device…
Launching application…
LAUNCH SUCCESS
```

2.3.7. 플러그인 추가하기

Ionic과 Cordova는 강력한 프레임워크이지만 성능 향상과 어플리케이션의 크기를 작게 만들기 위해서 필요한 모든 기능을 기본적으로 설치하지 않는다. 플러그인을 이용하여 필요한 기능을 어플리케이션에 추가할 수 있다. Trendicity 어플리케이션은 지리정보 기능이 필요하기 때문에 geolocation 플러그인을 추가한다. 프로젝트의 루트에서 다음 명령어를 입력한다. 로컬머신에 이 명령어를 입력하거나 ionix box 위에서 실행한다.

```
$ ionic plugin add org.apache.cordova.geolocation
```

ionic은 프레임워크에 geolocation 기능을 사용하기 위해 필요한 컴포넌트들을 설치할 것이다. 플러그인은 이후 Trendicity 어플리케이션 예제를 자세히 다룰 때 깊게 살펴볼 것이다. 다른 플러그인에 대해 다음 링크에서 살펴볼 수 있다. http://plugins.cordova.io/

2.3.8. 아이콘과 시작화면 생성하기

어플리케이션을 제품으로 만들기 전에 아이콘과 시작화면을 만드는 것이 필요하다. Ionic은 이것을 만드는 힘든 과정을 도와줄 수 있다. 이것을 하기 위해서는 프로젝트 루트 디렉토리에서 리소스 디렉토리를 만들어야 한다. 그런다음 Photoshop(.psd), Illustrator(.ai) 또는 .png 파일들을 위치시킨다. 예를들어 icon.png과 splash.png 이름의 파일이 있다. 그러면 아래와 같은 명령을 실행하면 Ionic은 이미지를 크롭하거나 리사이즈를 할 것이다. Ionic은 config.xml 파일에 파일들을 위한 엔트리들을 추가할 것이다.

```
$ ionic resources
```

만약 아이콘이나 시작화면 중에 원하는 것만 생성하기 위해서는 다음과 같이 플래그를 추가해서 실행하면 된다.

```
$ ionic resources —icon
$ ionic resources —splash
```

2.4 소스관리 연습

Ionic과 Cordova는 플랫폼을 위한 특별한 파일들이 많이 설치된다. 이런 파일들은 소스관리 저장소에 모두 저장하지 않아도 된다. 프로젝트 안에서 어떤 것들이 관리되어야 하는지 살펴본다.

2.4.1. git와 템플릿화된 어플리케이션

만약 git를 사용(이 책의 저자들은 이것을 사용하기를 적극 추천한다)하고 있고 ionicstart 명령어로부터 어플리케이션을 만들었다면, 만들어진 파일중에 `.gitignore` 파일이 생성되어 있다. `.gitignore` 파일을 살펴보면 저장소에 포함하지 않을 디렉토리와 파일목록이 저장되어 있다. 아래의 .gitignore 파일을 보는 것으로 이 섹션은 그냥 넘어간다.

```
$ cat .gitignore
# Special intentionally untracked files to ignore when using Git
# http://git-scm.com/docs/gitignore

node_modules/
platforms/
plugins/
```

2.4.2. 최상위 파일들

루트 디렉토리 안에 있는 모든 파일들은 소스관리 저장소에 모두 저장될 것이다. 이 파일은 어플리케이션에 관한 설정 정보를 포함하고 있고, 이 파일들 없이는 정상적으로 어플리케이션을 빌드할 수 없다.

2.4.3. 포함시키는 디렉토리들

./hooks, ./scss, 그리고 가장 중요한 ./www 디렉토리들은 소스관리 저장소에 모두 저장되어 관리되어야 한다.

2.4.4. 제외시키는 디렉토리들

./node_modules, ./platforms, 그리고 ./plugins 디렉토리들은 모두 소스 관리 저장소에서 제외시켜야 한다. 이 디렉토리들에는 개발하는 동안 계속 변경되는 다수의 바이너리 파일들이 포함되어 어플리케이션의 빌드에 포함이 된다. 이것들은 모두 새로운 기계에서 체크아웃할 때 다시 생성할 수 있다.

2.5 요약

이제 어플리케이션을 구축하기 위한 모든 도구를 가지게 되었고 준비가 되었다. 브라우저 또는 에뮬레이터를 사용해서 로컬 테스트를 할 수 있고 플러그인을 추가해서 더 많은 고급 기능을 사용할 수 있다. 그리고 어플리케이션을 실제 디바이스에 실행할 수 있다.

03 Trendicity

툴을 몇 가지 가지고 실제 모바일 어플리케이션 개발에 관하여 살펴보자. 인스타그램은 유명한 사진 공유 어플리케이션이다. 이 사진들에 좀더 흥미롭고 Ionic 특징을 돋보이게 만들 Trendicity라는 어플리케이션을 살펴볼 것이다. 이 어플리케이션은 다양한 방법으로 인스타그램 사진을 가져오고 보여준다. 사진을 보여 주는 첫 번째 방법은 지도 위에 위치를 표현하는 것이다. 다른 방법은 Tinder/Swipe 카드의 형태로 보여 주는 것이다. 사용가 그것을 좋아하거나 좋아하지 않는지를 표현할 수 있고 좀 더 자세한 세부 목록을 보여 주는 기능을 가지고 있다. 완벽한 Trendicity 어플리케이션 소스코드는 GitHub에서 찾아 볼 수 있다. 이 어플리케이션 소스코드를 다운받아 브라우저나 시뮬레이터 또는 디바이스에서 실행할 수 있다.

Trendicity 어플리케이션은 Side menu 어플리케이션으로 만들어졌고 Tab 사용을 포함하고 있다. 앞으로 Ionic으로 어플리케이션을 개발할 때 사용하는 여러가지 기능을 설명할 것이다. 사이드메뉴, 사용자가 선택할 수 있는 옵션, 검색 기능과 (Map View, Card View 그리고 List View) 탭, 그리고 로딩 서비스를 사용하는 것들을 알 수 있게 될 것이다.

3.1 Side Menu

사이드 메뉴는 아래의 메뉴옵션들로 구성되어 있다

- Home
- Favorites
- About
- Login/Logout

아래는 모바일 디바이스의 사이드 메뉴의 스크린샷이다.

3.1.1. Home

Home 메뉴 옵션은 `HomeCtrl`을 불러 올 것이고 사용자는 *Map View Tab*을 가져오고 현재 Trending 포스트를 보여 줄 것이다.

3.1.2. Favorites

Trendicity 어플리케이션의 favorites 섹션은 3가지 주요 부분으로 나누어 진다. `FavoriteService`,`FavoritesCtl`, 그리고 `favorites.html` 템플릿이다. 이것은 사용자가 만든것과 포스트와 관련된 2가지 타입 favorites를 저장할 수 있다. 이것은 `add-fovrite` 모달을 사용하여 폼 입력을 할 수 있고, 자동으로 인스타그램의 포스트 중에 지리적으로 연관 있는 포스트들이 연결될 것이다. 이 섹션에서 우리는 어떻게 favorites 뷰를 구현하고 `FavoritesCtrl`

과 `FavoritesService`에 의해 favorte를 생성하고 삭제하는지를 실험할 것이다.

3.1.2.1. Favorites 리스트

favorites는 존재하는 favorites를 리스트로 보여 준다. 사용자가 뷰 안에 들어갈 때, favoties는 `$ionicView.enter` 이벤트를 작동하여 자동으로 업데이트한다.

```
$scope.$on('$ionicView.enter',function(){
     // favorites 업데이트
     $scope.favorites = FavoritesService.getFavorites();...
});
```

각각 리스트의 아이템은 지도 뷰와 연결되고, 지도 뷰가 열릴 때 foavorite가 중앙에 위치하도록 한다. 아래는 favorites 리스트에 사용한 마커업이다.

```
<ion-list>
  <ion-item
    class="item-icon-right"
    ng-repeat="favorite in favorites track by favorite.id"
    ui-sref="app.home.map({ latitude: favorite.lat,
                            longitude: favorite.lng })">
    {{ favorite.city }}
    <i class="icon ion-ios-arrow-forward icon- accessory"></i>
    <ion-option-button class="button-assertive"
                       ng-click="deleteFavorite(favorite)">
      Remove
    </ion-option-button>
  </ion-item>
</ion-list>
```

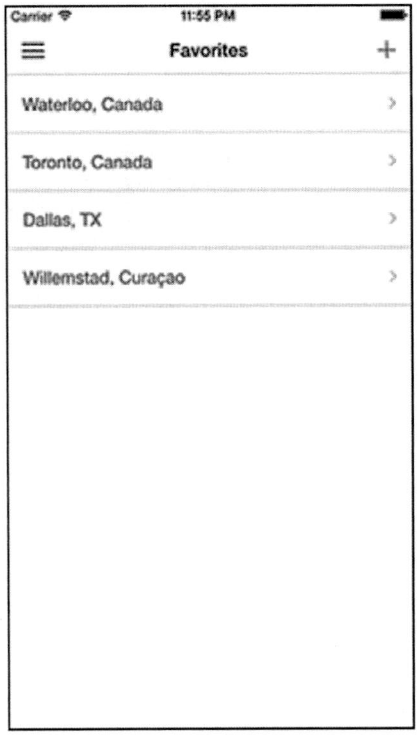

추가적으로, 만약 어떠한 favorite 가 하나도 존재하지 않는다면 메세지를 출력하도록 했다.

```
<div class="vertical-center-container"
     ng-show="!favorites.length">
     <div class="vertical-center text-center">
       <h1><i class="icon ion-heart-broken assertive"></i></
h1>
       <p>Looks like you haven't favorited anything
       yet...</p>
     </div>
</div>
```

3.1.2.2. Favorites 추가하기

코드를 유지하기 위해, 우리는 favorites의 생성을 담당하는 다양한 컴포넌트를 분리하기로 결정했다. 그 결과, `FavoritesCtrl`, `FavoritesService`, `add-favorite.html` 템플릿은 `add-favorite-form` 지시자를 함께 작업했다. favorites 뷰의 상단 오른쪽 모서리에 있는 "+" 버튼을 클릭하면 add-favorite 모달이 열릴것이다.

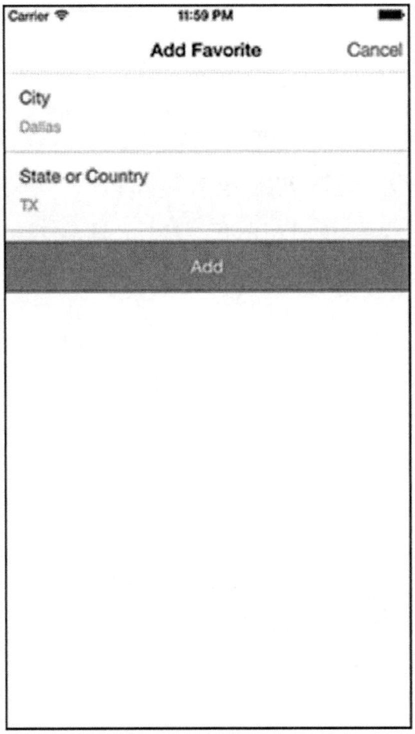


```
<ion-nav-buttons side="right">
  <button class="button button-icon ion-ios-plus-empty"
          ng-click="showModalAddFavorite()"></button>
</ion-nav-buttons>
```

버튼은 FavortieCtrl의 showModalAddFavorite() 함수가 연결되어 있어 미리 로드된 add-favorite 모달을 보여 줄 것이다.

```
$scope.showModalAddFavorite =function(){
    $scope.modalAddFavorite.show();
};
```

모달은 add-favorite-form 지시자로 구성되어 있다.

```
<ion-content>
  <add-favorite-form                                   on-
```

```
    submit="addFavorite(favorite)"></add-favorite-form>
</ion-content>
```

addFavoriteForm 지시자는 onSubmit()함수를 가지고 있고 이것은 스코프 안에 파라미터를 받을 수 있게 정의되어 있다. 폼의 입력이 모두 유효하다면, 지시자는 이 함수를 파라미터를 가지고 부를 것이다.

어떻게 지시자가 addFavorite(favorite) 어디에 있는지 찾을 수 있는지를 살펴보자. add-favorite 모달이 초기화될 때, FavoriteCtrl의 스코프를 넘겨준다. 그래서 모달의 스코프는 부모인 favorite view의 컨트롤러부터 상속받는다.

```
$ionicModal
    .fromTemplateUrl('templates/modals/add-favorite.html',
      {scope: $scope
    }).then(function(modal){
      $scope.modalAddFavorite = modal;
    });
```

addFavorite() 함수는 컨트롤러의 스코프에 추가되어 있다.

```
$scope.addFavorite =function(favorite){
    FavoritesService.add(favorite).then(function(){
      $scope.favorites = FavoritesService.getFavorites();
      $scope.hideModalAddFavorite();
    });
};
```

FavoritesService의 add() 함수를 호출한 이후에 add-favorite 모달을 숨기고 favorites 리스트 뷰를 업데이트할 것이다.

3.1.2.3. ADD FAVORITE FORM 지시자

addFavoriteForm 지시자는 templates/directives/add-favorite-form.html에 있다. 이 뷰는 AngularJS validation을 기본적으로 포함하고 있다.

```
<form name="formAddFavorite"no-validate>
   <label class="item item-input item-stacked-label"
          ng-class="{ 'item-error': formAddFavorite.$attempt
&&
            formAddFavorite.city.$invalid, 'item-valid':
            formAddFavorite.city.$valid }">
     <span class="input-label">City</span>
     <input type="text"name="city"ng-model="favorite.city"
            placeholder="Dallas"required="required">
</label>
<label class="item item-input item-stacked-label"
       ng-class="{ 'item-error': formAddFavorite.$attempt
&&
            formAddFavorite.region.$invalid, 'item-valid':
            formAddFavorite.region.$valid }">
     <span class="input-label">State or Country</span>
     <input type="text"name="region"ng-model="favorite.region"
            placeholder="TX"required="required">
   </label>
   <button class="button button-full button-positive"
            type="button"ng-click="submit()">Add</button>
</form>
```

"Add" 버튼은 지시자의 submit() 함수를 호출할 때, 폼에 $attempt를 추가할 수 있다. 이것은 적어도 한 번은 폼을 submit 한 경우 표시가 된다. 이 속성은 유효하지 않는 입력이나 아직 수정되지 않은 것을 강조하기 위해 사용된다.

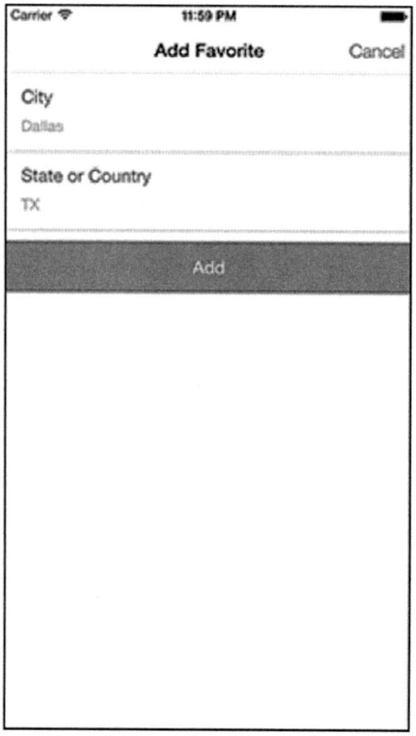

마지막으로 폼 유효성 검사를 끝내면, 지시자는 onSubmit() 함수를 호출할 수 있다.

```
$scope.submit =function(){
     $scope.formAddFavorite.$attempt =true;

     if($scope.formAddFavorite.$valid){
       $scope.onSubmit({ favorite:     $scope.favorite });
     }
};
```

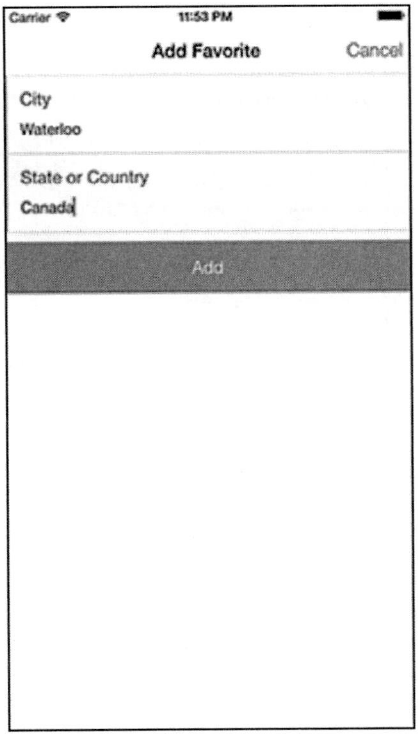

게다가 폼은 모달이 사라질 때 자동으로 비어지게 된다. modal.hidden 이벤트가 일어날 때 다음과 같은 핸들러를 추가한다.

```
$scope.$on('modal.hidden',function(){
// 폼 비우기
     $scope.favorite =null;
     $scope.formAddFavorite.$attempt =false;
$scope.formAddFavorite.$setPristine(true);
});
```

3.1.2.4. FAVORITES 제거

favorite 아이템을 슬라이드하여 제거할 수 있다. 아이템을 왼쪽으로 슬라이드하면 "Remove" 버튼이 나타난다.

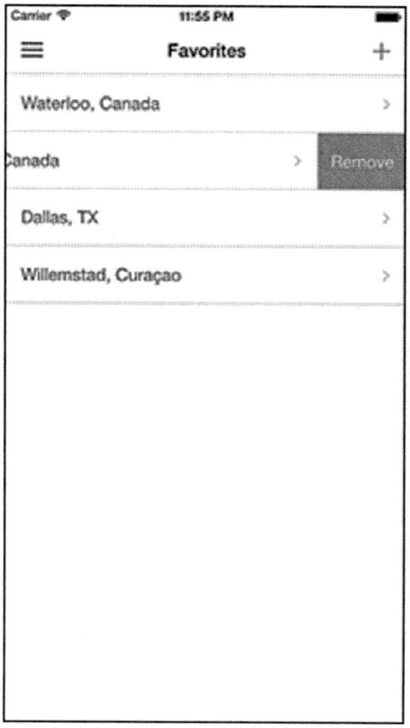

FavoriteCtrl의 deleteFavorite()를 참조하고 있는 favorite를 가지고 호출한다. 컨트롤러 사이드에서 이 함수는 FavoriteService 제거 함수를 호출하고 favorites 리스트를 업데이트한다.

```
$scope.deleteFavorite =function(favorite){
    $scope.favorites = FavoritesService.delete(favorite);
};
```

3.1.2.5. FAVORITES 서비스

FavoriteService는 Trendicity의 favorite를 추적하는 표준화된 방법이다. 이 접근 방법은 어플리케이션으로 부터 favorites에 관련된 모든 로직을 분리할 수 있다. 컨트롤러에 사용하는 전용 FavoriteService를 만들 수 있다. 이 장의 나중에 리스트 뷰 안에서 favorit된 인스타그램 포스트 위치를

FavoriteService를 사용하여 저장하는 것을 볼 것이다. 서비스는 add(), getFavorites(), 그리고 delete() 세 가지 함수를 제공한다. getFavorites() 함수는 로컬 스토리지에서 저장된 모든 favorites를 간단하게 가져온다.

favorite를 추가하는 것은 유형에 따라 다르게 처리되어진다. 사용자가 생성하는 favorite를 위해, favorite의 데이터와 함께 city와 region을 포함하고 있다. 이 필드는 GeolocationService의 addressToPosition() 함수를 사용하여 지리정보를 결정하여 사용한다. 함수 구현에 관련해서는 다음 장에서 자세하게 다룰 것이다. 주소로부터 위도와 경도 값을 가져와 favorties 배열에 넣어서 로컬 스토리지에 저장한다.

```
var address = favorite.city +', '+ favorite.region;return
GeolocationService.addressToPosition(address)
.then(function(data){
var newLocation ={
            id: favoritesId,
            city: address,
            lat: data.latitude,
            lng: data.longitude
};
          favorites.push(newLocation);
          localStorageService.set('Favorites', favorites);
});
```

포스트 favorite를 위해, favorite는 리스트 뷰의 컨트롤러 안에 사용하는 형태로 사용자 favorite와 비슷하게 배열에 넣어서 로컬스토리지에 저장한다.

```
var newLocation ={
        id: favoritesId,
        city: favorite.city,
        lat: favorite.lat,
        lng: favorite.lng
};
favorites.push(newLocation);
```

```
localStorageService.set('Favorites', favorites);
```

favorites를 적절하게 다루기 위해, 서비스는 각각 새로운 favorite에 ids를 생성한다. 각각의 id는 `var favoritesId = new Date().getTime()` 같이 현재 시스템 date와 time을 가지고 생성한다.

```
this.add =function(favorite){
var favorites =this.getFavorites()||[];var favoritesId =new
Date().getTime();
...
};
```

favorte를 삭제하는 작업은 `remove()` 함수에 의해서 삭제된다. favorites 배열로 부터 넘겨받은 favorite를 삭제한 이후, 함수는 로컬스토리지의 값을 업데이트하고 수정된 배열을 리턴한다.

```
this.delete=function(favorite){
var favorites =this.getFavorites(); _.remove(favorites,
favorite);     localStorageService.set('Favorites',
favorites);returnthis.getFavorites();
};
```

3.1.3. About

About 메뉴 옵션은 어플리케이션에 관한 소개 정보를 포함한 슬라이드 박스를 보여 줄 것이다. 어플리케이션을 처음 시작하면 사용자는 이 페이지를 볼 것이다. 이것은 `$ionicSlideBoxDelegate`, `ion-slide-box` 그리고 `ion-slide` 컴포넌트를 사용하여 기능을 만들었다. 만약 어떻게 구현했는지 자세하게 알고 싶다면 `www/js/controllers/intro.js` 파일 안에 있는 `IntroCtl`과 `www/templates/intro.html`를 보면 된다.

Carrier
9:17 AM
Skip
Next
Welcome to Trendicity
Explore nearby Instagram posts on a map.
View nearby or trending posts as cards or in a list.
Login to see your feed and liked posts.

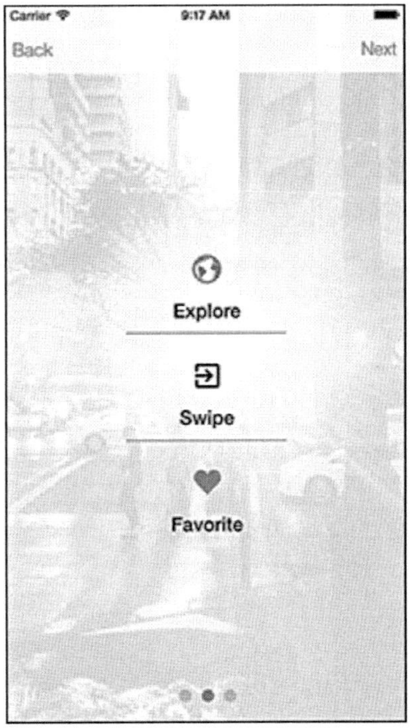
Carrier
9:17 AM
Back
Next
Explore
Swipe
Favorite

3.1.4. Login/Logout

로그인을 위한 메뉴옵션은 현재 로그인이 되어 있지 않다면 볼 수 있을 것이다. 사용자가 로그인을 한 뒤, 로그아웃 메뉴옵션이 나타날 것이다. 아래는 ng-show와 ng-hide를 이용해서 어떤 경우에 보여 주거나 보여 주지 않는 것에 대한 것을 구현할 수 있다. 아래는 app/templates/menu.html 파일의 코드 일부이다.

```
<ion-item nav-clearmenu-closeclass="item-icon-left"
          ng-click="login()"
          ng-hide="isLoggedIn()">
  <i class="icon ion-log-in"></i>
  Login
</ion-item>
<ion-item nav-clearmenu-closeclass="item-icon-left"
          ng-click="logout()"
```

```
            ng-show="isLoggedIn()">
    <i class="icon ion-log-out"></i>
  </ion-item>
```

isLoggedIn(), login()과 logout() 함수는 app/app.js 파일에서 찾을 수 있다.

```
// 사용자가 인스타그램에 로그인할 때 사용한다
$scope.isLoggedIn =function(){
return InstragramService.isLoggedIn();
}

// 로그인 모달을 보여 준다
$scope.login =function(){
    $scope.loginModal.show();
}

// 사용자가 로그아웃 링크를 누를 때, 로그아웃 액션을 처리한다
$scope.logout =function(){
    InstragramService.logout();
}
```

isLoggedIn() 함수는 사용자가 로그인되어 있는지를 InstagramService에 요청할 것이다. logout() 함수는 사용자가 로그아웃되었는지를 InstagramService에 요청할 것이다. InstragramService에 관하여 Instagram Service 장에서 좀 더 자세하게 살펴볼 것이다. 인스타그램으로 더 많은 것을 하기 위해, 사용자가 인스타그램으로 로그인하는 것이 필요하다. $ionicModal을 사용하여 어플리케이션에서 의도하는 것을 설명하고, 사용자가 무엇을 할 수 있는지를 소개할 것이다. Login 메뉴 옵션을 누르면, login() 함수는 불려질 것이고, 사용자는 로그인 모달을 보게 될 것이다.

```
// 나중에 사용할 모달을 만든다
$ionicModal.fromTemplateUrl('templates/login.html,{
     scope: $scope,
     animation: 'slide-in-up'
}).then(function(modal){
     $scope.loginModal = modal;
});

// 모든 것을 완료하면 모달을 제거한다
$scope.$on('$destroy',function(){
     $scope.loginModal.remove();
});
```

전통적인 로그인 모달을 보여 주는 것 대신, 인스타그램을 사용하여 로그인할 수 있는 것을 사용자에게 알려준다. 사용자가 인스타그램으로 로그인하기 원한다면, www/controllers/app.js 안에 있는 loginToInstagram() 함수가 불려질 것이다.

```
// 인스타그램으로 OAuth 로그인을 시도한다.
$scope.loginToInstagram =function(){
    $scope.loginModal.hide();
    InstagramService.login();
};
```

이 함수는 InAppBrowser라는 Cordova 플러그인을 사용하여 OAuth 레벨 인증을 실행할 것이다. 어플리케이션에서 외부의 인스타그램 로그인 URL을 새창으로 열기 위해 이 플러그인을 사용한다. Trendicity 어플리케이션은 username과 password를 처리하지 않는다.

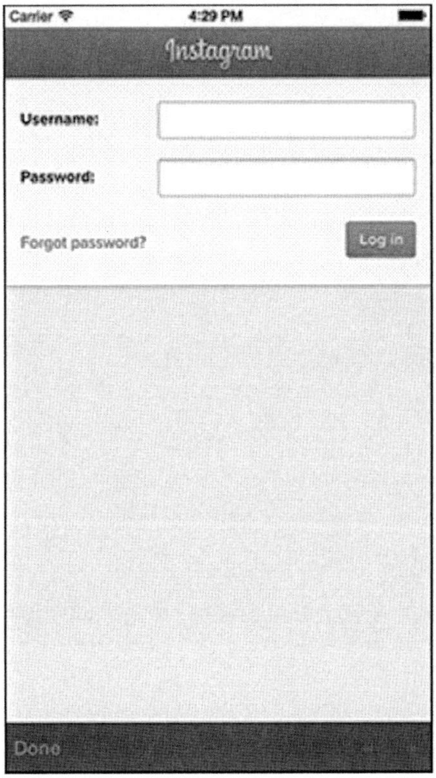

3.2 Search

검색 아이콘은 Home 뷰의 오른쪽 상단에 돋보기 아이콘으로 표현된다. 검색은 다음과 같은 옵션을 가진다.

- Trending - 현재 인스타그램에 인기 있는 포스트들
- Nearby - 사용자가 현재 위치한 곳 반경 1천 마일 안의 포스트들
- User Feed - 로드인된 사용자의 인스타그램 feed
- Liked Posts - 로그인된 사용자가 like 했던 포스트들

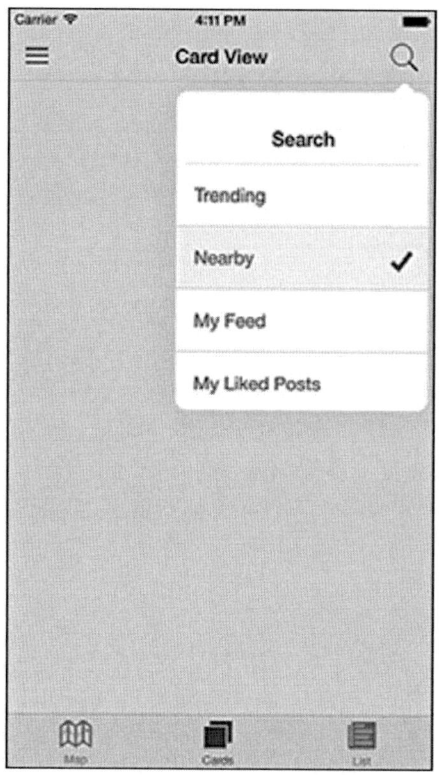

`HomeCtrl` 안에 `seach()` 함수를 만든다. 아래의 코드는 검색 기능에 대한 일부 코드이다.

먼저 scope 변수에 포스트와 검색 값을 저장한다. 이렇게 저장한 두 변수는 JavaScript 객체의 바인딩을 사용하여 값이 변경되어도 값을 잃어버리지 않는다.

```
$scope.model = PostService.getModel();
$scope.search ={ value: POST_TYPE.NEARBY};
```

다음으로, 우리는 `$scope.getPosts()` 함수를 설정한다. 이것은 검색 값에 따라 어떤 함수를 호출할 것인지 결정한다.

```
$scope.getPosts =function(value){
if(value === POST_TYPE.TRENDING){
       PostsService.findPopularPosts();
}elseif(value === POST_TYPE.NEARBY){
       $scope.findNearbyPosts();
}elseif(value === POST_TYPE.USER_FEED){
       PostsService.findUserFeedPosts();
}elseif(value === POST_TYPE.LIKED){
       PostsService.findLikedPosts();
}
};
```

`$watch`에 `search.value`를 설정하여, `ionicPopover` 컴포넌트 안의 검색 값이 변경될 때 `$scope.getPosts` 함수를 가져올 수 있다.

```
$scope.$watch('search.value',function(newValue){
// 사용자가 검색 값을 변경할 때 작업을 한다.
    $scope.updatePosts(newValue);
});

$scope.updatePosts =function(searchValue){
    $scope.getPosts(searchValue);
    $scope.closePopover();
    $ionicScrollDelegate.scrollTop();
};
```

ionicPopover를 구현하기 위해, 먼저 fromTemplateUrl라는 함수를 사용하여 HTML 파일을 로드한다. HomeCtrl에 사용하는 scope와 같은 것을 scope에 설정한다. 템플릿이 로드될 때, scope 변수 popover에 이것을 설정하고 나중에 참조할 수 있다.

```
$ionicPopover.fromTemplateUrl('templates/search.html',{
   scope: $scope,
}).then(function(popover){
   $scope.popover = popover;
});
```

아래는 search.html의 코드이다. 여기서 우리는 ion-popover-view 컴포넌트를 사용하여 뷰를 정의한다. ion-header-bar 컴포넌트는 popover의 타이틀을 보여 주기 위해 사용한다. ion-content 컴포넌트는 ion-radio 컴포넌트를 감싸는데 사용한다. ion-radio 컴포넌트는 선택한 검색값을 표시할 때 사용한다.

```
<ion-popover-view>
   <ion-header-bar>
     <h1 class="title">Search</h1>
   </ion-header-bar>Search
   <ion-content>
     <ion-radio ng-model="search.value"value="TR">
       Trending</ion-radio>
     <ion-radio ng-model="search.value"value="NB">Nearby
     </ion-radio>
     <ion-radio ng-model="search.value"value="UF">
       My Feed</ion-radio>
     <ion-radio ng-model="search.value"value="LP">
       My Liked Posts
     </ion-radio>
   </ion-content>
</ion-popover-view>
```

ionicPopover는 사용자가 Nav 버튼을 선택할 때 나타나도록 template/home.html

에 정의한다. 다음은 이 파일의 코드이다.

```
<ion-nav-buttons side="right">
   <button class="button button-icon icon ion-ios-search"
         ng-click="openPopover($event)"></button>
</ion-nav-buttons>
```

사용자가 돋보기 아이콘을 터치할 때, openPopover() 함수를 실행할 것이다. 이것은 단지 popupover을 보여 주는 일을 한다. 이것이 만들어질 때 closePopover() 함수를 가져오게 될 것이다. 만약 popover이 정의되어 있고 isShow()일 때, 이것을 숨기는 요청을 할 것이다. 마지막으로 scope에서 제거할 때, DOM에서 popover를 제거할 수 있도록 $destory 리스너를 설정한다.

```
$scope.openPopover =function($event){
   $scope.popover.show($event);
};

$scope.closePopover =function(){
   if($scope.popover && $scope.popover.isShown()){
     $scope.popover.hide();
   }
};

// 뷰가 제거될 때, scope에서 popover를 제거한다
$scope.$on('$destroy',function(){
   if($scope.popover){
     $scope.popover.remove();
   }
});
```

3.2.1. Loading Service

사진이 로딩될 때, 사용자에게 어플리케이션이 데이터를 로딩하고 있는 것을 알려주려고 한다. 이것을 위해 $ionicLoading 컴포넌트를 사용하여 우리

는 만들 수 있다.

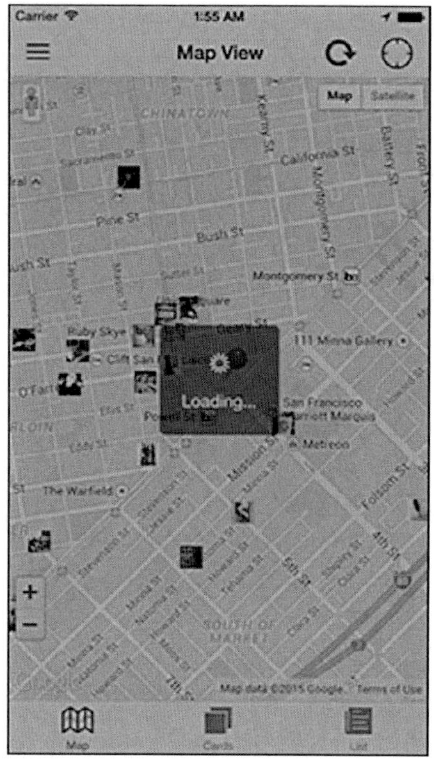

HTTP 요청을 할 때 $ionicLoading 컴포넌트를 적절하게 사용할 수 있다. 아래는 Trendicity 코드의 일부이다.

```
.factory('TrendicityInterceptor',
  function($injector, $q){

    var hideLoadingModalIfNecessary =function(){
      var $http = $http || $injector.get('$http');
      if($http.pendingRequests.length ===0){
        $injector.get('$ionicLoading').hide();
      }
    };
```

```
return{
  request:function(config){
    $injector.get('$ionicLoading').show();
    },
    requestError:function(rejection){
      hideLoadingModalIfNecessary();
      return $q.reject(rejection);
    },
    response:function(response){
      hideLoadingModalIfNecessary();
      return response;
    },
    responseError:function(rejection){
      hideLoadingModalIfNecessary();
      return $q.reject(rejection);
    }
  };
});
```

HTTP 요청을 만들 때 `request()` 함수를 호출할 것이다. 여기에서 "Loading" 메세지를 보여 줄 것이다. 순환적인 오류를 막기 위해, $ionicLoading 서비스를 획득하는데 angular $injector 컴포넌트의 사용이 필요하다.

`requestError()` 함수는 http 요청이 에러를 발생할 때 호출될 것이다. 여기에 `hideLoadingModalIfNecessary()` 함수를 호출할 것인데 이것은 만약 보류중이 HTTP 요청이 있는지 체크할 것이다. 만약 보류중인 것이 없다면 `ionicLoading` 서비스는 이것을 사라지게 할 것이다.

`response()` 함수는 HTTP 응답이 성공적으로 도착할 때 호출될 것이다. 여기서는 `requestError()` 함수 내부에서 처리하는 것과 동일한 일을 할 것이다.

`reponseError()`는 HTTP 응답이 에러가 발생할 때 호출될 것이다. 여기서는 response와 requestError 함수 내부에서 처리하는 것과 동일한 일을 할 것이다.

HTTP 인터셉터가 작업하는 것을 가져오기 위하여, AngularJS가 그것에 관하여 알 수 있도록 해야 한다. 일반적으로 app.js 파일안에 다음과 같이 할 수 있다. 여기에 인터셉터를 $httpProvider의 인터셉터 배열에 추가할 것이다.

```
.config(function($httpProvider){
   $httpProvider.interceptors.push('TrendicityInterceptor');
});
```

ionicLoading 컴포넌트가 보여질 때 보여지는 메세지를 정의하지 않았다. 이유는 app.js 파일 안에서 디폴트 메세지를 설정하였기 때문이다.

```
.constant('$ionicLoadingConfig',{
   template:
      '<h3>
        <icon ios="ion-loading-d"
              android="ion-loading-c"
           default="ion-refreshing">
        </icon>
   </h3>Loading...'
})
```

이 템플릿에 관하여는 7장: 어플리케이션 디자인하기 에서 자세하게 다룰 것이다. 여기에서는 ionicLoading의 show() 함수에서 메세지가 왜 필요하지 않는지을 보여 준다.

3.3 Map 뷰 탭

Map 뷰 탭은 포스트의 집합을 지도상에 보여 줄 것이다. 마커는 사용자의 현재 위치를 나타내기 위해 표시될 것이다. 마커는 또한 사진을 찍은 위치를 표시하는데 사용할 것이다. 마커를 터치할 때 관련된 사진이 보여질 것이다. 만약 맵안의 팬 주위와 오른쪽 상단 모서리에 있는 *Refresh* 아이콘을 터치하면 이것은 지도 위에 위치에 해당하는 포스트를 로드할 것이다. 또한 오른쪽 상단 모서리에 *Current Location* 아이콘을 선택할 수 있다. 이것은 현재의 위치를 가져올 것이다. 맵 뷰를 어떻게 구현하는지 5장: 맵뷰와 Ionic 통합하기에서 자세히 다룰 것이다.

3.4 Card 뷰 탭

Card 뷰 탭은 서로 위에 쌓인 하나의 카드로 사진을 표시할 것이다. 사용자는 오른쪽으로 스와이프하거나 드래그를 하여 사진에 Like를 할 수 있고 왼쪽으로 스와이프나 드래그하여 Unlike를 할 수 있다.

이 Swipe Cards는 유명한 Tinder 모바일 어플리케이션에서 볼 수 있는 card와 매우 비슷하다. Drifty의 공동창업자 중에 한 명인 Max Lynch는 모바일 어플리케이션 안에 Swipe Cards를 사용할 수 있게 라이브러리로 만들었다. 추가된 라이브러리는 ionic 팀에서 공통으로 ion* 으로써 참조할 수 있게 만들었다.

이 라이브러리는 화면을 가로질러 드래그하거나 스와이프할 때 카드가 구부려지는 효과를 위해 CSS 에니메이션을 사용한다. 이것은 또한 카드를 아래로 잡아 당겼을 때 스프링이 튕귀는 듯한 효과를 구현하기 위해서 새로운 물리 에니메이션 라이브러리 Collide를 사용한다.

`ionic-contrib-tinder-cards` 라이브러리를 사용하기 앞서, `ionic-ion-swip-card` 컴포넌트와 매우 유사하다. `ionic-ion-swipe-cards` 컴포넌트는 Jelly와 같은 어플리케이션이 이것을 기반하여 만들었다. `ionic-contrib-tinder-cards`와 `ionic-ion-swipe-cards`와 가장 다른 점은 drag와 swipe의 방향이다. 또한 `ionic-contrib-tinder-cards`는 *Tinder* 어플리케이션 안에서 볼 수 있는 "Nope/Like" 특징이 있다. Trendicity는 `ionic-contrib-tinder-card` 컴포넌트를 사용한다.

3.4.1. 작업하는 파일

Card View 기능에 관련된 파일은 다음과 같다: `app/templates/tab-card.html`, `app/templates/card-intro.html` 그리고 `app/scripts/controllers/card.js`

3.4.2. 소개용 Popup

최초 Card View를 이동할 때 사용자에게 Tinder-Like 카드 기능을 소개하기 위해서 메세지를 팝업으로 설명할 것이다. Ionic 스타일의 팝업 메세지를 보여주기 위해 $ionicPopup 서비스를 사용할 것이다. 이 서비스는 네 가지 타입의 팝업을 사용할 수 있다.

- show(options) : 옵션과 함께 전체적으로 사용자가 정의한 팝업을 보여 준다.
- alert(options): 버튼이 하나 있는 팝업을 보여 준다.
- confirm(options) : "Cancel"과 "OK" 버튼을 가지는 확인 메세지를 보여 준다.
- prompt(options) : 사용자의 입력을 요구하는 input 필드를 가지고 confirm 팝업 타입과 같은 버튼을 보여 준다.

Trendicity 어플리케이션을 위해 사용자 정의 팝업을 다음과 같이 정의한다.

```
$ionicPopup.show({
    title:'Swipe Cards',
    templateUrl:'templates/card-intro.html',
    scope: $scope,
    buttons:[
      {
        text:'Next',
        type:'button-positive',
```

```
          onTap:function(e){
            if(slidebox.currentIndex()==0){
              // 다음 슬라이드를 이동한다
              slidebox.next();

              //  버튼의 텍스트를 변명한다
              e.target.innerHTML ='OK';

              e.preventDefault();
          }else{
              // popup을 닫는다
              return;
          }
        }
      }
    ]
  });
```

팝업에 보여 주는 내용은 show() 함수에 전달하는 template 또는 templateUrl로 정의된다. Trendicity를 위해 템플릿 파일을 만들었고 파일 경로는 templates/card-intro.html이다. 템플릿은 이미지들을 포함하고 있고 이미지 사이의 전환을 위해 slide box를 포함하고 있다.

```
<ion-slide-box does-continue="false"show-pager="false"
               delegate-handle="card-intro-slidebox"
               ng-init="disableSlideBox()">
   <ion-slide>
        <img class="full-image"src="images/swipe- right.png"/>
</ion-slide>
   <ion-slide>
   <img class="full-image"src="images/swipe- left.png"/>
        </ion-slide>
</ion-slide-box>
```

slide box 컴포넌트는 $ionicSlideBoxDelegate AngularJS 서비스로 만들어진다. 이 서비스는 슬라이드 전환 액션을 제어한다. 자동으로 슬라이딩

되거나 슬라이딩되지 않는 상태를 제어한다. 명시적으로 slide box 렌더링 작업을 하기 위해 `update()` 함수를 추가한다. 이것은 슬라이드의 면적에 맞게 사이즈를 변경할 때 편리하다. 여기에서는 `does-contitue` 속성을 `false`로 설정하여 자동으로 슬라이딩되지 않게 했다. 그리고 이것을 초기화하는 `ng-init`의 함수를 `disableSlideBox()` 함수로 정의하였다. 커트롤러가 초기화할 때 `disableSlideBox()` 함수를 호출해서 모든 슬라이드의 스와이프를 비활성화 해 사용자가 개별적으로 스와이프하는 것을 허락하지 않을 것이다.

```
$scope.disableSlideBox =function(){
    $ionicSlideBoxDelegate.enableSlide(false);
};
```

Ionic 팝업 서비스는 팝업의 기능을 위한 사용자 로직을 `onTap` 함수로 제공한다. 예컨데, 첫 슬라이드가 보여 졌다면, "Next" 버튼을 탭하면 slide box의 딜리케이트인스턴스($ionicSlideBoxDelegate.$getByhandle("card-instro-slidebox")의 next() 함수가 호출될 것이고 팝업을 닫는 것을 예약한 버튼으로 버튼의 글자는 "OK"로 변경될 것이다. 끝으로, 사용자가 card view에 엑세스할 때마다, 우리는 로컬 저장소에 `seenCardIntro` 값을 간단하게 체크한다. 만약 사용자가 소개용 팝업을 보았다면 이 값은 없을 것이다.

3.4.3. Card 뷰

`www/templates/tab-card.html` 파일 안에서 `td-cards` 엘리먼트를 사용하여 카드의 집합을 설정한다. 이것은 `td-card` 엘리먼트를 포함할 것이다. post를 보여 주는 것을 반복하기 위해 `ng-repeat`를 사용한다. 다음은 사용자가 카드와 상호 응답할 수 있도록 속성 값을 정의한다.

```
<ion-view title="Card View">
  <ion-content class="has-header padding"scroll="false">
    <td-cards>
```

```
    <td-card ng-repeat="post in model.currentPosts"
        on-destroy="cardDestroyed($index)"
        on-transition-left="cardTransitionedLeft($index)"
        on-transition-
        right="cardTransitionedRight($index)">
        <div class="image">
          <div class="no-text">NOPE</div>
          <img ng-
            src="{{ post.images.low_resolution.url }}"/>
          <div class="yes-text">LIKE</div>
      </div>
    </td-card>
  </td-cards>
 </ion-content>
</ion-view>
```

3.4.4. Card 뷰 컨트롤러

CardViewCtrl은 SideMenu를 보여 주는 컨텐츠가 슬라이드되는 것을 비활성화해야 한다. 만약 이것을 비활성화하지 않으면 이것은 Swipe Card 기능과 충돌한다. 여기에서 우리는 컨텐츠의 드래그 이벤트를 비활성화하기 위해 $ionicSlideMenuDelegate를 사용할 것이다. 뷰를 벗어 날 때, 다른 뷰는 컨텐츠를 드래그하여 사이드 메뉴를 열 수 있도록 해야 한다.

```
.controller('CardViewCtrl',function( $scope,
  $ionicSideMenuDelegate,
  $ionicPopup,
  $ionicSlideBoxDelegate,
  localStorageService){

  // tinder 카드 기능의 인터페이스를 사용할 수 없기 때문에 side-menu 드래그를 비
  활성화한다
  $scope.$on('$ionicView.enter',function(){
    $ionicHistory.clearHistory();
    $ionicSideMenuDelegate.canDragContent(false);
});
```

```
$scope.$on('$ionicView.leave',function(){
  $ionicSideMenuDelegate.canDragContent(true);
});

$scope.cardTransitionedLeft =function(index){
  console.log( 'cardTransitionedLeft with index:'+ index);
  if(!InstagramService.isLoggedIn()){
    return;
  }

var post = $scope.model.currentPosts[index];
if(post.user_has_liked){
  PostsService.dislikePost(post.id)
  .success(function(){
    console.log('you disliked it!');
  });
}else{
  console.log('you didnt like it in the first place!');
}
};

$scope.cardTransitionedRight =function(index){
  console.log('cardTransitionedRight with index:'+ index);

  var post = $scope.model.currentPosts[index];
  if(!post.user_has_liked){
    PostsService.likePost(post.id)
    .success(function(){
      console.log('you liked it!');
    });
  }else{
    console.log('you already liked it previously!');
  }
};

$scope.cardDestroyed =function(index){
  console.log('cardDestroyed with index:'+ index);
```

```
      $scope.model.currentPosts.splice(index,1);
    };
  });
```

cardTransitionedLeft()와 cardTransitionRight() 함수는 기본적으로 cardTransitionedLeft() 함수가 like를 제거하고, cardTransitionedRight()가 like를 추가하는 것을 제외하고는 같다. 두 가지 모두 인스타그램을 호출하는 것이 필요하다. 그러나 사용자가 로그인하지 않고 카드에 like를 할 때 로그인을 보여 줄 것이다. 성공적으로 로그인을 한 다음에 카드는 like가 될 것이다. 6장 : 인증에서 이것에 관하여 더 많은 것을 소개할 것이다. cardDestroyed() 함수는 카드가 사라진 이후 호출될 것이다. 여기에 포스트 배열로부터 카드를 제거한다.

3.5 List 뷰 탭

Trendicity의 List 뷰 탭은 ionic의 기본 리스트로 만들어졌고 pull-to-refresh, button bar, action sheet와 같이 잘 알려진 컴포넌트와 제스쳐가 이 뷰에 포함되어 있다. 이 섹션에서 리스트와 앞서 언급한 컴포넌트를 가지고 작업하는 과정을 살펴볼 것이다.

3.5.1. 관련된 파일들

List View 기능에 관련된 파일들은 다음 위치에 있다: app/templates/tab-list.html, app/scripts/controllers/list.js, 그리고 app/scripts/directives/on-dbl-tap.js. 라우팅 설정은 app/scripts/app.js 모듈 안에 다음과 같다.

```
.state('app.home.list',{
  url:'/list',
  views:{
```

```
          'tab-list':{
            templateUrl:'templates/tab-list.html',
            controller:'ListViewCtrl'
          }
        }
      })
```

3.5.2. 템플릿 레이아웃

List View 템플릿은 refresher, 포스트의 list, 그리고 사용자 액션 버튼들을 포함하고 있는 butotn bar 3가지 부분으로 나눌 수 있다

3.5.3. 포스트 리스트 새로고침

Ionic은 ion-refresher라는 매우 유용한 지시자를 제공한다. 이 컴포넌트를 구현하기 위해, 뷰의 머커업에 간단하게 태그만 추가하고 뷰의 컨트롤러에 어플리케이션 사용자가 컨텐츠를 아래로 잡아당기면 새로 고침하는 매카니즘에 관한 함수를 정의하면 된다.

기본적인 새로고침 아이콘(ion-arrow-down-c)을 대신하여 사용자 정의 아이콘을 설정하였고, 사용자가 아래로 당겼을 때 사용자가 정의한 텍스트가 나타날 수 있도록 지시자에 설정을 하였다.

```
<ion-refresher pulling-icon="ion-ios-arrow-up"
               spinner="none"
               pulling-text="Pull to refresh..."
               on-refresh="doRefresh()">
</ion-refresher>
```

이 지시자는 다음과 같은 속성을 사용하여 기본 설정을 오버라이드하여 사용할 수 있다.

- on-refresh : 사용자가 완벽하게 컨텐츠를 잡아당겼을 때 새로고침 메

카니즘을 호출하는 함수 이다.

- on-pulling : 사용자가 컨텐츠를 잡아당기기 시작할 때 호출되는 함수이다.
- spinner : 새로고침되는 작업과정 동안에 Spinner가 나타나고 완료후에 제거될 것이다.
- pulling-icon : 사용자가 잡아당겼을 때 지정한 Ionicon 을 보여 준다.
- pulling-text : 사용자가 잡아당겼을 때 지정한 텍스트를 보여 준다.
- refreshing-icon : 새로고침 메카니즘이 진행될 때 Ionicon을 보여 준다.
- refreshing-text : 데이터가 새로고침될 때 텍스트를 보여 준다.
- disable-pulling-rotation : on-refresh를 할 때 icon의 회전을 멈춘다.

데이터를 눈 깜빡한 사이에 가져오는 경우, refresher가 보일 수 있도록 ion-refresher에 동안 최소 400ms의 시간을 추가한다. 이런 경우, 타임아웃 안에 더 부드럽게 새로고침되는 과정을 나타내며 사용자에게 패치된 데이터를 보내준다. Trendicity에서 refresher는 새로운 포스트를 가져올 때 컨트롤러의 `doRefresh()` 함수가 이 일을 하도록 설정한다. 아래는 새로고침 메카니즘을 제어하는 코드이다.

```
$scope.doRefresh =function(){
     $scope.getPosts($scope.search.value);
// ion-refresher를 숨긴다.
     $scope.$broadcast('scroll.refreshComplete');
};
```

이전 섹션에 설명한 것과 같이, `HomeCtrl`의 `getPosts()` 함수에 검색 값을 넘겨서 사용하도록 만들었다. 어플리케이션은 현재 검색 popover list 중에 선택된 feed에 해당하는 데이터를 인스타그램의 API를 사용하여 가져온다. 마지막으로, 새로고침이 끝날 때 특정 메세지 `scroll.refreshComplete`를 브로드케스팅하여 지시자의 새로고침 매카니즘에 신호를 보내어 끝낸다. 그리고 ion-refresher는 사라지고 초기 상태로 된다.

3.5.4. 포스트의 리스트

항목이 큰 리스트를 작업할 때, 제한된 모바일 디바이스 하드웨어 안에서 어플리케이션의 기능과 성능을 유지하는 많은 방법이 제공되고 있다. Ionic에는 `ion-infinite-scroll` 지시자가 있다. 이것은 미리 정해진 시간을 가지고 새로운 데이터를 로드하는 것이다. `collection-repeat`는 iOS의 UITableViewController와 같이 잘 알려진 모바일 플랫폼의 리스트를 모방한 것이다. 이것은 오직 리스트 항목 중 디바이스 화면에서 보이지 않는 것은 제거하고 오직 몇 개의 rows만 따로 로드하는 것이다. `collection-repeat`는 리스트의 컨텐츠를 보여 주는 것을 요청할 때, DOM 조작의 수를 최소화하여 어플리케이션의 성능을 향상시킨다.

다른 솔루션들과 비교하여 `collection-repeat`는 잠재적인 성능 향상을 얻기 위해 복잡한 설정을 요구하지 않는다. 설정하는 것은 오직 개발자로 부터 item의 특별한 높이와 너비를 입력 받는다. 이것은 함수를 호출하고 리스트 항목의 인덱스를 넘길 수 있고 항목의 사이즈를 위한 고정 값을 사용하거나 scope 변수을 사용한다.

우리는 항목의 면적을 수정하지는 않았지만 디바이스 화면의 너비를 기반으로 항목의 사이즈를 결정하는데 사용했다. 그래서 우리는 디바이스 화면의 가로 또는 인스타그램 이미지의 가로에 `item-avatar`와 `button-bar`에 대한 높이를 더하였다.

```
functiongetItemHeight(){
  var screenWidth = window.innerWidth,
      imageWidth =640,
      itemAvatarHeight =76,
      buttonBarHeight =46;
  var min =(screenWidth < imageWidth)? screenWidth :
  imageWidth;
  return min + itemAvatarHeight + buttonBarHeight;
}

$scope.itemHeight =getItemHeight();
```

그리고 템플릿에서 우리는 `collection-repeat`를 다음과 같이 사용한다.

```
<div class="list-post"
     collection-repeat="post in model.currentPosts"
     collection-item-height="itemHeight">
   ...
</div>
```

주목해 보면 여기에서 `collection-item-width` 속성의 값을 정의하지 않았다. 아무런 값을 정의하지 않으면 directive의 기본 값은 100%와 동일하다. `collection-repeat` 지시자와 함께 작업할 때, 예상한대로 보여지지 않을 때가 있는데 리스트의 항목에 위치를 적용하기 때문이다. 이것을 계산하는 것은 간단하게 리스트 항목의 CSS 규칙에 따라서 적용한다.

```
left:0;
right:0;
```

어플리케이션에서 이것을 list-post CSS클래스 안에 포함시켰다. ionic의 1.0 버전 첫 번째 후보가 릴리즈에서, 업데이트된 `collection-repeat`는 각 item의 치수를 요구하는 것을 제거하였다. 이 지시는 자동으로 첫 번째 엘리먼트의 사이즈를 구하여 다른 모든 항목에 치수를 동일하게 적용할 것이다. 포스트의 리스트가 주어졌을 때, 각 항목은 같은 수치를 가질 것이다. 이러한 이유 때문에 더이상 `getItemHeight()` 함수가 필요하지 않다.

3.5.5. 포스트 like하기

여기에서 Card View로 List View 안의 포스트를 like하는 메카니즘을 구현하였다.인스타의 기능과 같이 포스트의 이미지를 더블 탭하여 like를 할 수 있거나 전용 버튼을 눌러서도 like를 할 수 있도록 만들었다. 전용 버튼을 구현하는 것은 매우 간단하다. like와 comment 버튼을 감싸기 위해서 button-bar를 사용할 것이다.

```
<div class="button-bar bar-light">
    <button class="button"
        ng-click="like($index)"
        ng-class="{ 'button-assertive':
        post.user_has_liked }">
        <i class="icon ion-heart"></i>
        {{ post.likes.count | number }}
    </button>
    <button class="button">
        <i class="icon ion-chatbubbles"></i>
        {{ post.comments.count | number }}
    </button>
</div>
```

게다가, like된 포스트라면 like 버튼에 `button-assertive`를 적용하기 위해서 `ng-class`를 추가하였다. `ng-click`은 컨트롤러에서 like($index)를 호출하는 것으로 정의했다.

이미지를 더블탭하기 위해, 제스처에 관하여 소개할 것이다. Ionic은 다른 것들 사이에서 탭, 드래그 그리고 누르고 있는 일반적인 제스처를 자동으로 다루기 위한 여러 개의 지시자를 제공하고 있다. Ionic의 제스처는 HammerJS라고 불리는 유명한 프레임워크에서 도입되었다. 그러나 Ionic의 지시자는 우리가 캡처하길 원하는 더블탭의 제스처를 생략했다. 우리는 HammerJS 제스처의 이름과 더블 탭 제스처를 위한 동일한 해결 방법을 정의하였다.

```
.directive('onDblTap',function($ionicGesture, $parse){
    return{
        restrict:'A',
        link:function($scope, $element, $attr){
            var fn = $parse($attr['onDblTap']);

            var listener =function(ev){
                $scope.$apply(function(){
                    fn($scope,{
                        $event: ev});
                    });
                };
            };

            var gesture = $ionicGesture.on('doubletap',
             listener, $element);

            // DOM에 등록된 제스처를 제거한다.
            $scope.$on('$destroy',function(){
                $ionicGesture.off(gesture,'
                doubletap',listener);
            });
        }
    };
});
```

템플릿에서 더블탭 지시자는 다음과 같이 엘리먼트 속성으로 사용할 수 있다.

```
<img ... on-dbl-tap="like($index)" ... />
```

하지만, 가장 최신에 릴리즈된 Ionic의 1 버전을 위한 후보에서는 on-double-tap이 이미 제공되었다. 이전 과정은 beta 14까지만 요구되고 최신 ionic 플랫폼을 사용한다면 더이상 필요가 없다. 그래서 우리는 포스트를 위해 더이상 사용자 정의 지시자를 사용하지 않고 on-double-tap 지시자를 사용한다.

사용자가 이미지에 250ms 내의 속도로 더블 탭을 할 때, 아이템의 index를 가지고 like($index) 함수를 실행한다. like 함수는 컨트롤러에 다음과 같이 정의한다.

```
$scope.like =function(index){
     if(!InstagramService.isLoggedIn()){
          // 로그인 모달을 보여 준다.
          $scope.loginModal.show();
          return;
     }

     var post = $scope.model.currentPosts[index];
     if(!post.user_has_liked){
       InstagramService.likePost(post.id)
       .success(function(){
          console.log('you liked it!');

          // like를 포스트에 반영한다.
          $scope.model.currentPosts[index].user_has_liked
          =true;
          $scope.model.currentPosts[index].likes.count =
          post.likes.count +1;
       });
   }else{
       console.log('you already liked it previously!');
   }
};
```

마지막으로, like() 함수는 사용자가 로그인 했는지를 체크하는데, 로그인 상태에 따라서 인스타그램의 API를 사용하여 포스트에 like를 하거나 로그인 모달을 보여 준다.

3.5.6. 액션시트로 옵션 보여 주기

Android의 햄버거 메뉴와 iOS의 액션시트와 같은 새로운 컴포넌트의 출연으로 모바일의 디자인은 새롭게 발전되었다. Ionic의 이런 스타일과 비슷한 `$ionicActionSheet`로 불리는 컴포넌트에 대해 살펴보자. 사용자가 포스트와 함께 상호작용할 때 더 많은 옵션을 가져오기 위하여 이것을 사용할 것인데 추가적인 마커업 없이 컨트롤러로 부터 완벽한 action sheets를 호출할 수 있다.

```
$scope.displayOptions =function(index){
    // 포스트 가져오기
    var post = $scope.model.currentPosts[index];

    var buttons =[{ text:'Like'}];

    // 위치 정보가 있다면 Add 버튼을 추가한다.
    if(post.location !==null&&
      post.location.longitude !==null&&
      post.location.latitude !==null){
      buttons.push({ text:'Favorite Post\'s Location'});
    }

    var actionSheet = $ionicActionSheet.show({
      buttons: buttons,
      titleText:'Options',
      cancelText:'Close',
      buttonClicked:function(i){
        if(i ===0){
          // 포스트 like
          $scope.like(index);
        }elseif(i ===1){
          // 포스트의 위치를 favorites에 추가하기
          FavoritesService.add({
            city:(post.location.name
              || post.user.username +'\'s post'),
            lng: post.location.longitude,
            lat: post.location.latitude
        });

          // 확인 메세지 보여주기
          $ionicLoading.show({
            template:'Added to Favorites',
            noBackdrop:true,
            duration:1000
          });
        }
```

```
            // action sheet 닫기
            returntrue;
        }
    });
};
```

첫째로 가장 중요한 것은 사용자가 포스트의 위치를 Favorite로 등록하고 이후에 다시 볼 수 있도록 하는 것이다. 그래서 특정 포스트는 위치 필드를 가지고 있는데 위도와 경도의 좌표를 확인할 수 있도록 한다. 이런 경우 action sheet에서 new 버튼을 추가한다. `buttonClicked()` 함수는 버튼 배열에 index로 특정 버튼을 다루게 한다. action sheet를 닫게(숨기게)하기 위해, `buttonClicked()` 함수에 true를 리턴하도록 한다. 동일한 방법을 제공하기 위해서 action sheet를 변수에 저장하고 나중에 `close()` 함수를 호출하면 된다. `hold` 제스처를 연결하여 꽤 직관적인 인터페이스를 가져올 수 있다. 사용자가 포스트의 이미지에 손가락을 오래 누르고 있으면 action sheet를 보여 주는 일을 하기 위해서 on-hold 지시자를 제공하였다.

```
<img ... on-hold="displayOptions($index)"/>
```

`$ionicActionSheet`는 추가 옵션을 포함하여 제공하는데 우리는 우리의 어플리케이션에 포함되지 않는 것을 다음 것을 가져와서 정의할 수 있다.

- cancelOnStatechange : 상태를 변경할 때 action sheet를 닫는다. 기본값은 true이다.
- destructiveText : 다른 옵션 버튼과 분리되어 있는 버튼을 위한 텍스트를 지정할 수 있다. 이것은 button-assertive 클래스로 하이라이트되어 있다.
- destructiveButtonClicked : destructive 버튼을 클릭하면 호출되는 제어함수를 정의한다.

마지막 두 가지 옵션은 `flag`를 포함할 수 있다. 마지막으로 Ionic 1버전이 릴리즈될 때, `$ionicActionSheet` 서비스를 사용하여 액션 시트를 사용하면 모바일에 따라 다른 디자인 가이드라인에 따라 다르게 나타날 것이다.

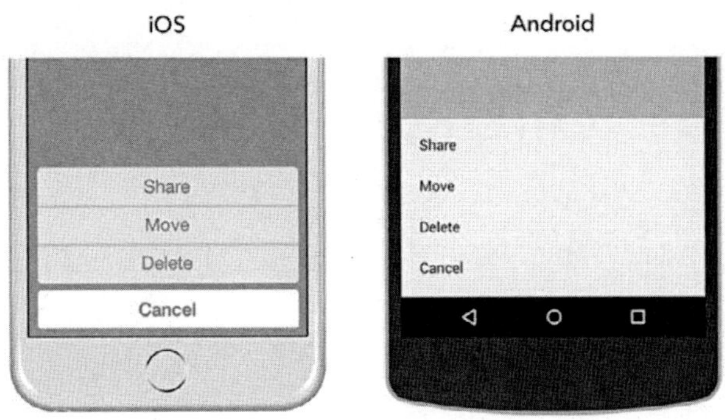

3.6 요약

우리는 ionic 어플리케이션을 만들기 위해 대부분의 단계를 살펴보았다. 이제 Trendicity 어플리케이션이 어떤 구조이고 어떻게 작업하는 알게되었다. Ionic 어플리케이션 안에서 Side Menu 옵션, Search 옵션과 Loading Service, 그리고 Tab을 사용하는 것을 살펴보았다. Card 뷰 인트로를에서 ion-slide-box를 사용하는 것을 배웠다. Card 뷰에서 어떻게 Tinder card를 간단히 만들어서 보여 주는지를 배웠다. 또한 리스트 뷰에서 ion-refresher, ionicActionSheet 그리고 collection-repeat을 어떻게 사용하는지도 배웠다. 다음 장에서는 사이드 메뉴와 라우트를 설정하는 완벽한 방법을 예제를 통해 살펴볼 것이다.

Developing an Ionic Edge

04 어플리케이션 디자인하기

디자인은 현대 모바일 어플리케이션의 필수적인 부분으로 궁극적으로는 사용자가 어플리케이션의 기능을 탭하는 방법에 대하여 정의하는 것이다. Apple의 iOS7 플랫폼, Android의 Lollipop과 Google의 Material Design으로부터 진보된 디자인 철학은 사용자가 어떻게 어플리케이션과 관계를 맺는지에 가치를 두고 디자인한다. 다양한 프레임워크는 개발들에게 어플리케이션 기능의 잠재력을 유도하는 동안 그들은 사용자 경험을 향상시키는데 필요한 도구와 가이드라인을 제공하였다. Ionic은 개발자에게 어플리케이션의 풍부한 사용성을 위해 다양한 아이콘과 컴포넌트를 제공한다.

Trendicity이 어떻게 디자인 되었는지 살펴보기 전에, 우리는 Ionic SDK와 어떻게 디자인 프로세스를 어플리케이션에 적용할 수 있는지에 대해 살펴볼 것이다.

Ionic은 레이아웃 컴포넌트 폼 안에 사용자가 정의할 수 있는 블럭, 내장된 에니메이션, Inoicons라 불리는 아이콘셋, 그리고 AngularJS directives와 services를 제공한다. 이 모든 SDK는 확장성을 고려해서 만들어졌다. 미리 컴파일된 다양한 자원을 사용해 쉽게 적용할 수 있다. Ionic은 Sass 변수의 사용과 믹스인을 통해 거대한 스타일 코드를 개발할 때 편리하게 해 줄 것이다.

4.1 Layout 컴포넌트

Ionic은 UI 컴포넌트의 집합으로 구성되어 있다. 이것은 어플리케이션의 레이아웃을 구성할 때 아주 유용하다. 기본적으로 모바일 어플리케이션을 만들 때, 평상시 사용하는 것처럼 익숙하게 만들 수 있다. : **ion-header**, **ion-content**, 그리고 **ion-list**. 이것들의 AngularJ 지시자는 편리성을 가지고 Ionic 팀이 만든 컴포넌트들이다. 이것은 어플리케이션의 네비게이션을 빨리 구현하기 위한 블록을 제공한다. 내장된 Ionic 컴포넌트들은 bar, content 그리고 list처럼 확장된 CSS의 집합의 상위에 만들어졌다. 이 CSS 클래스들은 나중에 사용자 정의 지시자를 만들 때 또는 사용자 인터페이스를 간단하게 수정할 때 유용하다.

Ionic은 작업에 사용된 스타일링 클래스의 배열은 HTML 태그를 빠르게 사용하여 모바일에 최적화로 보이게 만든다. 강조할 점은 buttons, lists, list items, forms, 그리고 input fields와 같이 어플리케이션의 액션 가능한 엘리먼트의 구조를 만드는 것이다. 랩핑된 클래스를 포함하여, 특히 **list**, **button-bar**, **card**, 그리고 **item** Ionic은 컴포넌트의 정렬을 필수적으로 다룬다.

Ionic은 미리 정의된 컬러와 공간 그리고 에니메이션을 제공하고 있다. **energized**부터 **assertive**까지 모두 9가지 컬러 범위를 정의하고 있다. 이것은 **app/lib/ionic/scss/_variables.scss** 파일에서 찾을 수 있으며 Ionic 프레임워크 소스코드의 한 부분이다. 편의를 위해 여기에는 컬러와 연관된 값의 리스트를 가지고 있다.

```
$light:                           #fff !default;
$stable:                          #f8f8f8 !default;
$positive:                        #387ef5 !default;
```

```
$calm:                        #11c1f3 !default;
$balanced:                    #33cd5f !default;
$energized:                   #ffc900 !default;
$assertive:                   #ef473a !default;
$royal:                       #886aea !default;
$dark:                        #444 !default;
```

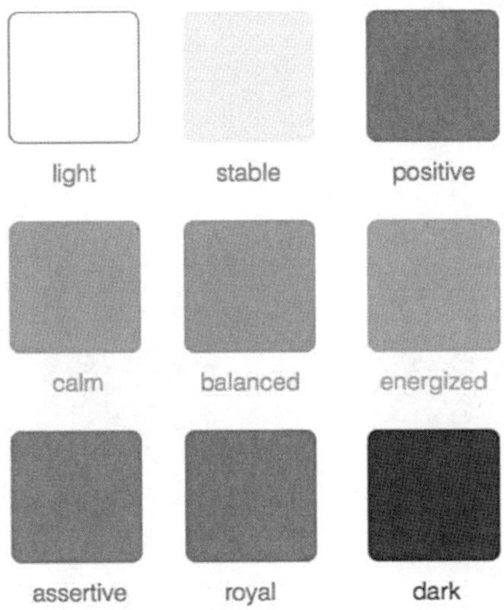

백그라운드 클래스들은 컬러 이름을 접두어로 하고 뒤에 정의한다. 예를 들어 빨간색 백그라운드는 `assertive-bg` 클래스로 적용하여 저장되어 있다. 이 장의 뒷부분에서 우리는 `!default`에 의해 색깔의 값으로 정의하는 것과 같은 Ionic Sass 변수를 오버라이드하기 위한 방법을 배울 것이다. 오버라이딩된 변수는 추가적인 스타일 코드를 작성할 필요없이 내장된 컴포넌트를 변화시켜 사용하는 방법으로 효율적이다.

컨텐츠 공간은 rows의 폼 안에, colums과 padding 안의 CSS 클래스에 포함되어 단순화되어 있다. 이 클래스들은 Ionic과 다양한 컴포넌트에 적용되는 일관된 공간 크기를 제공한다. `row`와 `col-` 접두사 클래스는 쉽게 grid 같은 어플리케이션의 컨텐츠를 만들 수 있다. 그들은 새로운 "flexible box"와 같은 함수와 flexbox 표준을 사용하여 만들었다. 이것은 CSS3의 컨텐츠 내부에 왜곡없이 가능한 최대한의 공간을 가져오는 방법이다.

게다가 이 클래스들은 일관성을 위해 변수에 의존하고 있기 때문에 쉽게 확장할 수 있다. 예를 들어, `content-padding` 변수로 정의된 `padding-` 접두사 클래스 값의 상속은 기본 `10px`을 가져온다. 이것은 Ionic 어플리케이션의 내부 레이아웃의 변경을 `$icontent-padding` 변수를 수정하는 것으로 충분하다. 비슷하게 `$item-padding`의 값을 두배로 한다면 플랫폼을 통해 시각적인 영향을 줄 것이다.

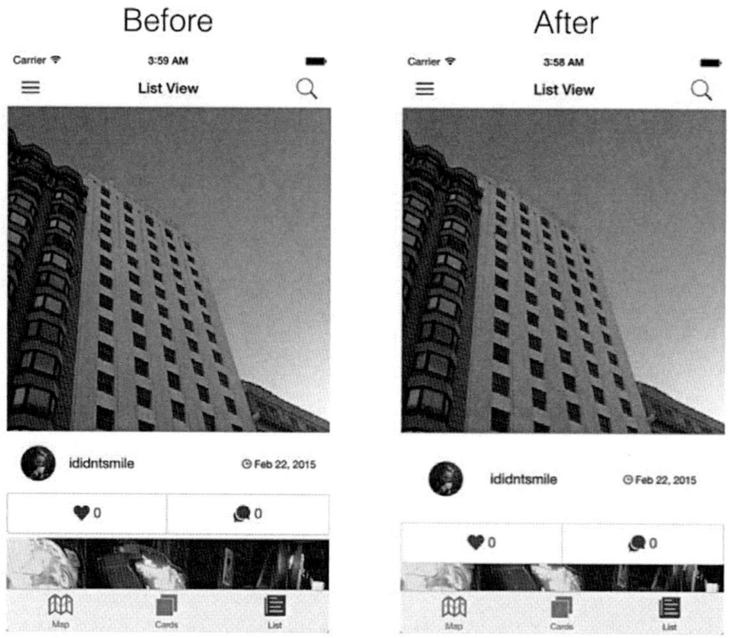

나중에 Trendicity에서 Sass 사용자 정의 디자인 컴포넌트에 대한 섹션에서 이 케이스를 사용할 것이다.

4.2 Trendicity 디자인하기

Trendicity 개발에 Ionic 디자인의 특징을 보여 주기 위해 핵심 Ionic 컴포넌트를 사용하고 사용자 정의 디자인을 사용하는 것을 제한하였다. 기본적으로 Ionic은 특별한 스타일링 없이 모바일 사용자 인터페이스를 만드는 것에 최적화되어 있다.

`tab-list` 뷰 안에서 사용자가 like한 포스트에 Like 버튼에 빨간색으로 강조하는데 `button-assertive` 크래스에 적용한 것을 찾을 수 있다.

```
<div class="button-bar bar-light">
     <button class="button"
           ng-click="like($index)"
           ng-style="{ 'button-assertive': post.user_has_liked }">
           <i class="icon ion-heart"></i>
           {{ post.likes.count | number }}
     </button>
     <button class="button">
       <i class="icon ion-chatbubbles"></i>
       {{ post.comments.count | number }}
     </button>
</div>
```

흥미로운 것은 ion-content 태그에 has-header 클래스를 사용한 것이다. 이 클래스는 뷰의 컨텐츠를 44px 아래로 밀어내고 어플리케이션 header bar가 보이는 것을 보장하는 방법이다. 대체로, header bar를 스스로 정의하고 로그인 modal view와 비슷한 경우에는 header-bar 클래스를 컨텐츠에 정의하지 않는다. 그러나 side menu나 표로 되어진 네비게이션 구조의 자식뷰들의 대부분은, home 또는 menu 뷰 안에 정의된 분리된 네비게시션 바의 크기에 의해 ion-view의 컨텐츠는 내려온다. Ionic은 현재 has-header 클래스를 적용하는 것과 같이 has-header 속성을 추가하고 true로 설정할 수 있다. 이것은 같은 결과를 보여 주기 때문에 선호하는 것에 따라 클래스를 적용할 것인지 속성을 정의할 것인지 선택하여 적용하면 된다.

Ionic은 핵심 컴포넌트를 사용할 때 개발자에게 많은 것을 줄여 준다. 이것은 어플리케이션을 구현하는 방법으로 icon과 함께 버튼을 만드는 것에 요구되는 많은 마커업을 줄일 수 있다. 다음은 버튼을 만들 때 간단하게 버튼과 아이콘을 분리해서 만든 것이다.

```
<button class="button">
     <i class="icon ion-navicon"></i>
</button>
```

버튼의 타입을 정의하는 다른 방법은, 같은 버튼의 클래스에 icon과 같이 특별한 클래스를 포함한 button-icon 클래스를 적용하는 것이다. 예를 들어 home 뷰의 네비게이션 버튼을 위치시키는 경우 메뉴 버튼을 다음과 같이 정의할 수 있다.

```
<button menu-toggle="left"
       class="button button-icon icon ion-navicon"></button>
```

button-icon과 icon 클래스를 함께 사용 하는 것은 버튼을 만들 때 효과적이다.

4.3 Ionicons

Ionic은 어플리케이션을 위한 아이콘셋으로 제공하는 커스텀 폰트와 함께 패키징되어 있다. Ionicons는 icon을 사용하기 위해 Ionic 팀에서 제작한 폰트이다. 이것은 웹에서 사용되는 FontAwesome과 비슷한 것이다. Ionicons의 장점은 이미지 사이즈가 확장되는 동안 고성능 이미지를 유지하는 것이다. 이것은 fonttype 기반이기 때문에 이것을 다른 폰트와 같이 stylesheet를 사용하여 조작할 수 있다. 이것은 아이콘 사이즈를 CSS의 `font-size`로 키울 수 있다는 것을 의미한다.

iconset은 4가지 주요한 컬렉션으로 구성되어 있다.:일반적인(플랫폼에 독립적인) 아이콘, iOS7 그리고 Android 느낌의 아이콘에 더하여 소셜 미디어 아이콘이다. Ionic은 또한 적절한 `icon` 이름의 CSS 클래스를 제공한다. 이것은 어플리케이션의 UI 컴포넌트 안에 Ionicons의 함께 사용할 수 있다. 예를 들어, 어플리케이션 사이드 메뉴 안에 로그인 아이콘을 표현하기 위해 다음 방법으로 우리는 HTML icon 태그를 사용한다. `<i class="icon ion-login"></i>` Ionicons은 또한 로딩 인디케이터로 사용하기 위해 CSS3 에니메이션을 사용여 만든 아이콘을 사용한다. 여기에서는 기본 `$ionicLoading` 템플릿 안에 `ion-spinner`의 기본 아이콘을 사용하였다. 이것은 `app/scripts/app.js`안에서 볼 수 있다.

```
.constant('$ionicLoadingConfig',{
  template: '<ion-spinner></ion-spinner>
})
```

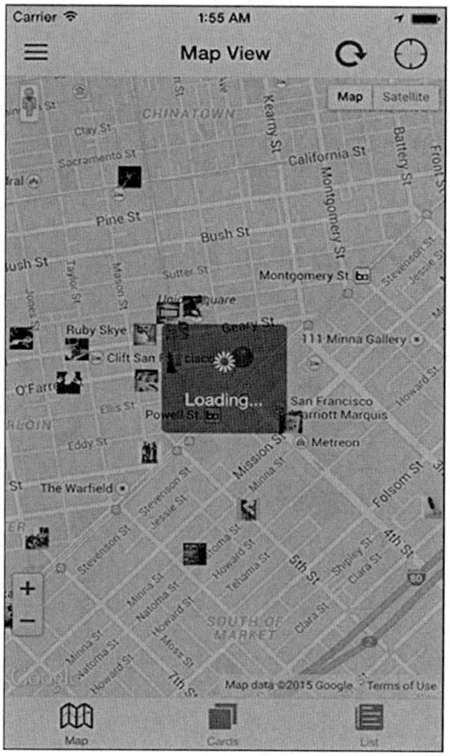

Ionicons의 자연스런 폰트를 위해, 제공하는 Ionic 폰트들을 `www/fonts` 디렉토리에 두어야 한다. Trendicity에서 Gruntfile의 `copy` task를 사용하여 다룰 것이다. 이것은 `$grunt init` 또는 `$grunt serve` 명령어가 실행될 때 동작할 것이다. 만약 다른 방법으로 Ionic 프로젝트를 만들려고 한다면 당신의 어플리케이션이 fonts의 파일을 로드하는지 확인해야 할 것이다. Trendicity에서는 가장 최신의 Ionicionc 2.0 버전을 최대한 수용하도록 했다. 마지막 릴리즈에서 iOS 아이콘은 `ios7-` 에서 `ios-` 접두어를 가지도록 변경되었다. 새로운 icon 클래스에 접근하기 위해 `@import "www/lib/ionicicons/scss/ionicons"`로 Ionicon 라이브러리를 추가해야 한다. 그러나 이 경로는 반드시 CSS 파일의 상대경로여야 한다. 우리의 경우 CSS 파일은 `www/css` 디렉토리에서 찾을 수 있다. 기본적으로 Ionic 프로젝트를 색성할 때, 정화간 font 경로가 이미 정의가 된다. 가장 최근에 릴리즈된 Ionic 버전 1 후보에서는 ion-spinner에 SVG 기반의 스피너가 나타나도록 되었다. Ionicon의 2.0 버전이 나올 때, 회전하는 아이콘은 제거 대상이 되었다. 그래서 Ionic 어플리케이션에서 로딩 아이콘을 사용할 때 ion-spinner를 사용하는 방법을 사용한다.

4.3.1. 네이티브로 보이는 어플리케이션 만들기

실제로 어플리케이션처럼 보이게 만들기 위해 우리는 Ionic에서 제공하는 ionic.Platform를 사용할 것이다. 이것은 모바일 디바이스의 OS를 결정하고 실제 네이티브 어플리케이션에서 보이는 해당 아이콘을 결정할 수 있도록 도와준다. ionic.Platform의 isIOS()와 isAndroid() 함수를 결합해서 사용하는 것을 추천한다. 더구나, 이것은 플랫폼에 의존적인 아이콘을 자동적으로 선택하는 사용자정의 지시자를 만들 수 있다. 우리는 저자 중의 한명인 Anton Shevchenko에 의해서 만들어진 Angular 지시자를 제공하는데 이것은 lib/ionic-contrib-icon/ionic.icon.js에 있다. 이것은 플랫폼에 의존해서 아이콘을 다르게 적용한다. 예를들어, 어플리케이션의 side menu 안에서 하나의 경우를 찾아볼 수 있다. <icon ios="ion-ios-home" default="ion-home"></icon>이다. 이 지시자는 ionic.Platform을 사용하여 현재 디바이스의 플랫폼을 체크해서 ios, andorid 그리고 default 속성에 의해 icon을 적용한다. 여기에는 default 아이콘을 포함한다. 이것은 만약 현재 디바이스 플랫폼을 위한 정의된 특별한 아이콘이 없는 브라우저에서 개발하는 동안 적용될 것이다.

추가적으로, Ionic에 플랫폼에 따른 특별한 클래스는 플랫폼에 빌드한 이후 어플리케이션의 index.html의 body에 첨부된다. 010_add_platform.js Cordova hook 안을 보면, $ionic build [platform] 명령어를 실행할 때 after_prepare 이벤트가 발생할 때 이 스크립트가 실행된다. [platform]에 ios, android 그리고 ionic이 지원하는 다른 플랫폼에 따라 .platform-ios, platform-android와 같은 특별한 클래스가 추가된다. 이것은 Ionic Lab을 사용하여 브라우저에서 다른 플랫폼을 시뮬레이션할 수 있다.

4.4 Sass를 사용하여 Ionic 커스트마이징하기

Inoic은 확장성을 가지고 만들어졌다. 기초부터 Ionic은 Sass를 사용한다. 이것은 개발자들이 기본으로 제공하는 스타일을 좀더 유연하게 오버라이딩하여 사용할 수 있게 해준다. Inoic SDK에 사용되는 모든 변수는 편리하게 정의되어 있고, `app/lib/ionic/scss/_variables.scss`에 위치한 파일 안에 모여 있다. 더구나, 변수는 button, bar, list, form input field 등과 같이 컴퓨넌트에 의해 구조화되어 있다. 어플리케이션에 있는 모든 버튼의 기본 높이를 `$button-height` 변수를 재정의하는 것만으로 한번에 차례로 변경할 수 있다.

이 섹션에서 우리는 어플리케이션에서 어떻게 Sass를 사용하여 쉽게 Ionic 컴포넌트 스타일을 변경할 수 있는지를 살펴볼 것이다.

4.4.1. Sass를 사용하여 Ionic 디자인 오버라이딩하기

Ionic의 스타일은 알려진 것과 같이 Sass로 작성되어 있다. 이것은 미리 정의된 SDK의 클래스는 프로젝트 안에서 `@import "www/lib/ionic/scss/ionic";`를 사용하여 그것을 효율적으로 통합할 수 있다. Ionic의 Sass 변수 정의는 `app/lib/ionic/scss/_variables.scss`에 있다. 우리는 각 변수에 `!default` 규칙이 붙어 있는 있는 것을 볼 수 있다. 이것은 Ionic의 기본 값을 대신하여 당신이 선택한 특별한 값을 사용할 수 있다.

이러한 변수들을 무시하는 적절한 방법은 프로젝트에 Ionic을 임포트하기 전에 자신의 값을 지정하는 것이다. 예를들어, 기본 텍스트 폰트 사이즈를 키우고 문자의 heading의 wieght를 줄이기 위해 다음과 같이 메인 Sass 파일에 추가할 수 있다.

```
// 변수 값 정의하기
$font-size-base: 16px;
$headings-font-weight: 300;
```

```
// Ionic 스타일 임포트하기
@import "www/lib/ionic/scss/ionic";
```

이 값들은 Ionic의 _variables.scss 파일 안에 정의된 !default 값으로 변경될 것이다.

뿐만 아니라, Ionic은 Scss의 핵심인 mixins을 제공한다. 이것은 재사용 가능한 CSS 스타일을 컨테이너처럼 작업할 수 있고, 자신의 Sass 파일 안에서 @include 키워드를 사용해 포함할 수 있다. 이 코드블럭들은 개발자들이 원하는 스타일링을 생성하기 위해 파라미터를 넘기는 것을 할 수 있는 "헬퍼 함수"로써 행동할 수 있다. Ionic은 한번 편리하게 만들어 놓은 mixin에 정의한 모든 것은 app/lib/ionic/scss/_mixins.scss 파일에 있다.

Ionic 소스코드의 일부분을 살펴보자. 우리는 button, bar, list item, tab 그리고 animation과 같은 핵심 컴포넌트들이 mixin을 사용하고 있는 것을 볼 수 있다.

어떻게 Ionic의 mixin을 사용할 수 있는지 좀 더 친해지기 위해, 어떻게 다양한 mixin을 적용하여 button-light 클래스를 작업하는지 실습해 보자. 이 장의 다음 섹션 안에 정의한 vertical-center 클래스의 구현에 mixin을 제대로 사용하는 방법을 아는 것은 매우 중요하다.

button-light 클래스에 스타일 속성들의 추출하여 시작하자.

```
.button {
  // 기본 색상 지정
  @includebutton-style($button-default-bg,
                       $button-default-border,
                       $button-default-active-bg,
                       $button-default-active-border,
                       $button-default-text);

...

&.button-light {
  @includebutton-style($button-light-bg,
                       $button-light-border,
```

```
                              $button-light-active-bg,
                              $button-light-active-border,
                              $button-light-text);
    @includebutton-clear($button-light-border);
    @includebutton-outline($button-light-border);}

    ...
}
```

button-light는 button 클래스에 &로 첨부되어 포함되고 있는 것을 알 수 있다. 그래서 이 클래스는 버튼 컴포넌트에서 오직 혼자서 적용될 수 없고 버튼 클래스가 표현될 때 적용이 될 것이다. 예를들어 다음과 같은 작업은 할 수 없다.

```
<button class="button-light">Click Me!</button>
```

한편, button button-light 클래스를 적용하여 우리가 요구한 효과를 만들 것이다.

```
<button class="button button-light">Click Me!</button>
```

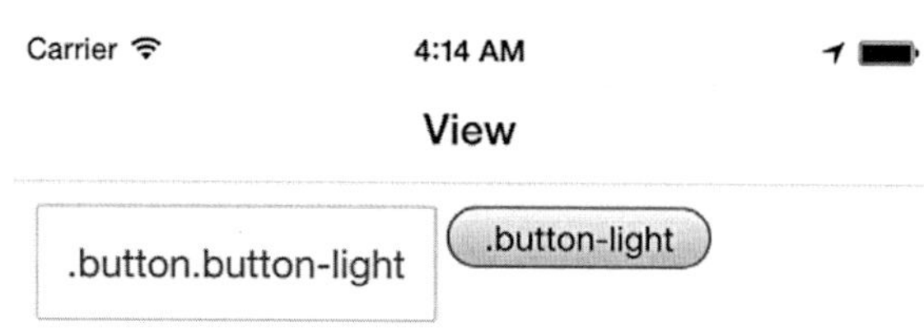

button-style이 포함하는 기본 button 클래스는 중요하다. 이것은 $button-default-bg, ..., $button-default-text의 논점을 넘어 일반적인 Ionic 버튼처럼 정의할 것이다.

```
@mixinbutton-style($bg-color,
                   $border-color,
                   $active-bg-color,
```

```
                    $active-border-color,
                    $color){
  border-color:$border-color;
  background-color:$bg-color;
  color:$color;

  // 데스크탑 사용자에게 보여지는 스타일
  &:hover {
      color:$color;
      text-decoration: none;
  }
  &.active,
  &.activated {
      border-color:$active-border-color;
      background-color:$active-bg-color;
      box-shadow: inset 0px 1px 3px rgba(0,0,0,0.15);
  }
}
```

그 결과, Sass 코드가 컴파일되고 난 이후, button 클래스의 마지막 결과는 다음과 같을 것이다.

```
.button {
  border-color: #b2b2b2;
  background-color: #f8f8f8;
  color: #444;

  // 데스크탑 사용자에게 보여지는 스타일
  &:hover {
      color: #444;
      text-decoration: none;
  }
  &.active,
  &.activated {
      border-color: #a2a2a2;
      background-color: #e5e5e5;
      box-shadow: inset 0px 1px 3px rgba(0,0,0,0.15);
  }
```

```
    ...
}
```

기본적으로 Ionic의 button 클래스는 button-default 색깔을 사용한다. 색깔을 포함하는 모든 변수는 알려진듯 _variables.scss 파일 안에 정의되어 있다. 이것은 다른 색깔 클래스에 영향을 주지 않고, 간단하게 사용자가 선택한 색깔에 $button-default- 접두어 변수를 오버라이딩하여 기본 버튼의 색깔을 쉽게 변경할 수 있다. 추가적으로 button-clear와 button-outline을 적용할 때, button-clear와 button-outline mixin은 light button 처럼 보이는 것을 정의하기 위해 포함되어진다. 개발자들은 mixin의 지식을 가지고,스타일을 위한 많은 양의 코드를 줄이기 위해 Ionic의 Sass 컴포넌트 구조와 변수를 사용하게 될 것이다.

마지막으로 Sass 코드를 컴파일하는 것은 다음과 같은 명령어를 사용하여 할 수 있다.

```
$ ionic setup sass
$ gulp sass
```

기본적으로, Sass를 설정할 때, sass에 .scss 파일을 위치하면 $ionic serve 명령어로 어플리케이션을 실행하면 scss 파일들은 자동으로 관찰되고 재컴파일된다. 근본적으로 gulp sass이 작업이 자동으로 실행되고 scss/ 디렉토리를 관찰한다. 이 작업과 관찰하는 패턴은 ionic.project 파일에 정의된다. 브라우저에 어플리케이션을 실행할 때 존재하는 작업을 추가하거나 수정할 수 있다.

4.4.2. Trendicity에서 Sass 사용하기

어플리케이션에서 Sass를 통합하는 것은 쉬운 일이다. Sass 스타일을 정의하고 컴파일하기 위해 터미널에서 Ionic에 내장된 setup을 사용하여 $ionic setup sass 명령어를 실행한다. 이 명령어는 sass/ 디렉토리를 만들고 기본적으로 ionic.app.scss 파일을 포함한다. 이 파일은 Ionic Sass 라이브러리를 임포트하고 폰트 경로를 자동으로 설정한다. 우리는 ionic.app.scss에 임포트된 언더스코어를 접두어로 한 파일 이름을 가진 Sass 파일들을 만들었다.

구조적인면에서 타겟 컴포넌트에 의해 파일을 구성할 뿐만 아니라, _variables.scss 파일 안의 모든 변수를 그룹화하여 Ionic의 Sass 스타일 구조에 비슷한 접근을 할 수 있다.

프로젝트 안에 포함된 Sass를 사용하면 Ionic의 모든 믹스인과 변수에 접근할 수 있다. 이 방법은 SDK에 미리 정의한 값으로 일관성 있는 스타일링을 할 수 있게 한다. 예를 들면, 우리는 popup의 배경색깔로서 $light 변수를 사용했다. 오버라이드한 slider-slide 클래스는 $font-family-light-sans-serif 폰트를 적용했다.

디자인의 목적은 로그인 모달을 뷰의 중앙에 컨텐츠 가운데 위치하는 것이다. 이것을 위해, 컨텐츠의 위치를 적용하고 스크린의 총 높이를 계산하는 사용자정의 지시자를 만들었다. 그리고 새로운 flexbox 표준을 활용하여 좀 더 명확하게 CSS 만 사용하는 방법으로 결정하였다.

```
.vertical-center-container {
    height: 100%;

    display: -webkit-box;
    display: -moz-box;
    display: -ms-flexbox;
    display: -webkit-flex;
    display: flex;
    -webkit-justify-content: center;
    -ms-flex-pack: center;
    justify-content: center;
    -webkit-box-align: center;
    -moz-box-align: center;
    -webkit-align-items: center;
    -ms-flex-align: center;
    align-items: center;
```

```
.vertical-center {
     width: 100%;

     display: -webkit-box;
     display: -moz-box;
     display: -ms-flexbox;
     display: -webkit-flex;
     display: flex;
     -webkit-flex-direction: column;
     -ms-flex-direction: column;
     flex-direction: column;
  }
}
```

이 코드블럭을 보자. 이것은 이전 섹션의 일부로서 실제로 사용했던 Ionic SDK 안에 다양한 mixin 변수의 예제이다. 마지막으로, 우리는 필요한 Sass mixin으로 좀더 합리적으로 초기 스타일을 줄이는 방법을 적용했다.

```
.vertical-center-container {
     height: 100%;
     @include display-flex();
     @include justify-content(center);
     @include align-items(center);

     .vertical-center {
         width: 100%;

         @include display-flex();
         @include flex-direction(column);
     }
}
```

만약 Ionic의 소스코드를 보지 않았다면, 우리는 코드의 블럭을 초기화하는데 머무르거나 우리의 mixin을 다시 만들어야 할 것이다. 그러나 이 경우처럼 가능한 많이 코드를 재사용할 것을 추천한다.

또한 주목할 것은 수직적으로 중앙에 두는 접근 방법과 Ionic이 팝업과 로딩 컴포넌트를 스크린의 중앙에 두는 것이 비슷하다는 것이다. 소스코드를 보면 popup-container 와 loading-container 클래스는 vertical-center-container 클래스에서 사용하는 세 가지 mixin을 포함하고 있는 것을 찾을 수 있다.

```
.popup-container {
    ...

    @includedisplay-flex();
    @includejustify-content(center);
    @includealign-items(center);

  ...
```

```
}

...

.loading-container {
    ...

    @includedisplay-flex();
    @includejustify-content(center);
    @includealign-items(center);

    ...
}
```

Trendicity의 Sass의 통합은 Sass의 선택자의 장점을 가지고 스타일링하는 코드를 좀더 논리있게 만들 수 있다. Ionic mixin, 변수, 그리고 `$login-margin`과 `$list-margin`과 같은 재사용 가능한 변수를 쉽게 정의하여 사용할 수 있다.

4.4.3. 찾아내기

Ionic의 기본 스타일은 개발자의 의도 와는 다르게 나타날 수 있다. 예를 들어, 알고 있듯 `$light` 색깔은 기본적으로 하얀색으로 지정되어 있다. 다음과 같이 정의할 때 명확하게 light button은 하얀색이 될 것이라고 추측할 수 있다.

```
<button class="button button-clear button-light"> ...
</button>
```

그러나 Ionic의 Sass 소스코드를 보면, `button-clear` 와 `button-light` 클래스의 조합은 `$button-light-border` 변수에 의해 정의된 색깔을 적용해야 한다는 것을 알 수 있다. 로그인 모달을 위해, 상단 오른쪽 코너에 하얀색 버튼을 만들기를 원한다면 이를 달성하기 위해, `_button.scss` 파일에 다음과 같이 Sass 스타일을 추가한다.

```
.button {
  &.button-light {
    &.button-clear {
      color: $light;
    }
  }
}
```

여기에 이전과 이후를 비교한다.

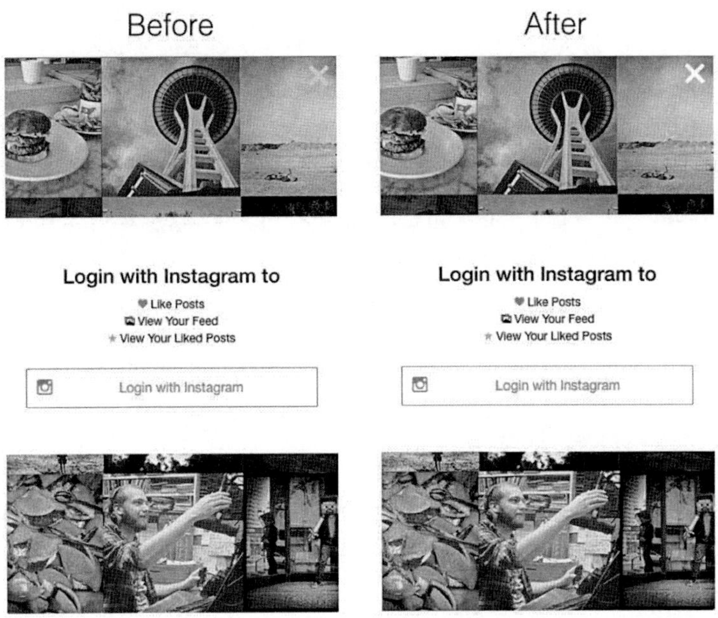

특정한 상황을 위해 사용자 클래스를 대신해, 간단하게 white 색깔의 값을 포함한 `$button-light-border` 변수를 오버라이드할 수 있다. 그러나 SDK의 Sass 스타일 전반에 걸쳐 사용되는 어떠한 Ionic 변수를 무시하는 것은 다른 구성요소에 영향을 미칠 수 있다. 이 시나리오에서 주목할 것은 사이드 메뉴의 아이템 테두리는 menu 뷰의 하얀색 배경과 혼합한 것이다. 이것은 왜 우리가 `button-clear`와 `button-light` 클래스를 조합하여 오버라이드한 것을 선택했는지 알 수 있다.

새로운 지시자는 ion-content, ion-list, ion-item 그리고 ion-checkbox와 같은 SDK에 통합할 것이다. 작업의 흐름 및 효율성을 향상시키기 위해 미리 정의된 빌딩블럭으로 고려하여 만드는 것이 중요하다. 유연성은 미리정의된 구조를 따라야 하기 때문에 본질적으로 이러한 지시자들에 제한된다. 이런 컴포넌트들은 content, list, item, item-checkbox 그리고 checkbox와 같이 CSS 클래스의 집합으로 만들어졌다.

자주 업급되는 문제는 Ionic의 JavaScript 기반 스크롤링 시스템의 이상 문제이다. 근본적으로, 특별한 시나리오, 스크롤러는 ion-content 섹션 안에 포함된 뷰는 몇 pixel에 의해 컨테이너의 밑에 잘려져 완벽한 뷰를 표시하지 못한다. 사실, 이것은 button과 paragraph와 같은 컴포넌트에 적용된 margin에 의해 정의된 정확한 pixel의 양에 의하여 결정된다. Ionic 포럼에서 이 문제는 상당히 많은 사람들이 직면한 내용이다. 입증된 하나의 방법은 ion-content 지시자에 padding을 적용하거나 padding 클래스와 함께 div 안에 모든 컴포넌트를 감싸주는 것이다.

스크롤 시스템에 영향을 미치는 부가적인 문제는 ng-hide와 ng-show 속성을 사용한다. 예를들어, 컨텐츠가 스크린을 넘어갈 때 컴포넌트를 숨기거나 보이게 하는 것은 스크롤 뷰가 스크롤러의 수직 위치를 새로 고치지 못하기 때문이다. $ionicScrollDelegate의 resize() 함수는 이것을 다룬다. 이 함수는 뷰 안의 컨텐즈를 사이즈 재계산하고 스크롤 위치에 맞춰 적용한다.

버그를 제외하기 위해 Ionic의 팀과 폭 넓은 오픈 소스 개발자 커뮤니티는 지속적으로 이러한 문제를 해결하고 있다.

4.5 Ionic 확장하기

Ionic의 위대함은 쉽게 사용자 정의, 플러그 앤 플러그인 컴포넌트를 만드는 것뿐만 아니라 문서와 포럼의 형태로 도움을 제공하고 있는 것이다. 커뮤니티는 다른 하이브리드 모바일 어플리케이션 개발 SDK나 프레임워크와 비교하여 Ionic 프레임워크를 더욱 강력하게 만들고 있다. 커뮤니티는 숙련된 기술로 컴포넌트를 구현하고 있다. 이것은 Ionic의 기능을 강력하게 하는데 목적을 두고 있다. 많은 개발자들이 훌륭한 디자인을 추가하여 제공함으로써 Ionic의 견고한 기반을 세우는 것에 기여했다. 근본적으로 이 기여자들은 핵심 SDK를 확장했다.

주목할만한 추가는 `ionic-contrib-swipe-card`, `ionic-contrib-ios-rounded-button`, `ionic-contrib-header-shrink`, `ionic-contrib-frost`를 포함하고, `ionic-contrib-tinder-cards`라 불리는 스와이프 카드의 새로운 이터레이션이다. 흥미롭게도 Trendicity를 개발하는 동안 Keith D. Moore는 `tinder-card` 기능을 향상시켰다. 이것은 우리의 card 뷰에 사용되었다.

마지막으로, 우리는 Ionic의 핵심 기능을 구축하기 위해 AngularJS의 힘을 활용하는 것을 추천한다. Ionic의 전체 능력을 최대한 발휘하기 위해서 사용자 정의 지시자와 서비스를 만들어서 사용하는 것을 추천한다.

4.6 요약

이 장에서는 Ionic의 디자인 컴포넌트에 촛점을 맞춰 스타일을 제공하기 위한 다양한 방법을 살펴보았다. 그리고 하이브리드 모바일 어플리케이션 개발을 위한 블럭을 만드는 것을 살펴보았다. Ionic의 공식문서에는 포함하지 않은 방법을 이 장의 소스코드를 통해 개발하였다. 예를 들어, 배경 색깔 클래스와 많은 mixin은 나중에도 사용 가능할 것이다. 또한 mixin과 변수를 사용하고 코드 양을 줄이기 위해 Sass 컴파일러 기술을 다루었다. 마지막으로 Trendicity 어플리케이션을 개발에 사용된 Ionic과 Sass를 통합하는 방법을 다루었다.

Developing an Ionic Edge

05 사이드메뉴 구현과 라우터 설정하기

슬라이딩 사이드메뉴는 모바일 어플리케이션에서 매우 잘 알려진 UI 구성 요소 중에 하나이다. 이것의 전형적인 구현 방법은, 백그라운드로 *menu view*를 구성하고 *content view*를 *menu view* 위에 올리는 것이다. 사용자가 *content view*를 스와이프하여 이동시켜 사이드메뉴를 보여 주거나 토글 버튼을 눌러 사이드 메뉴를 볼 수 있게 한다. Ionic 프레임워크를 사용하여 슬라이드메뉴를 만들기 위해 우리는 미리 정의된 지시자들을 사용할 것이다. 우리가 사용할 가장 중요한 지시자들이다.

- `<ion-side-menus>`
- `<ion-side-menu-content>`
- `<ion-side-menu>`

이 지시자들은 Trendicity에서 사이드메뉴 로직과 함께 다루게 될 것이다. 사이드 메뉴를 스크린의 왼쪽 또는 오른쪽에 위치 시키거나, 또는 양쪽에 위치시키는 것은 어플리케이션의 네비게이션을 어떻게 하는지를 결정하게 된다.

5.1 Ionic의 Sidemenu 지시자 소개

먼저 Trendicity의 Sidemenu를 자세히 살펴보자. Trendicity를 위해 Sidemenu View는 다음과 같다.

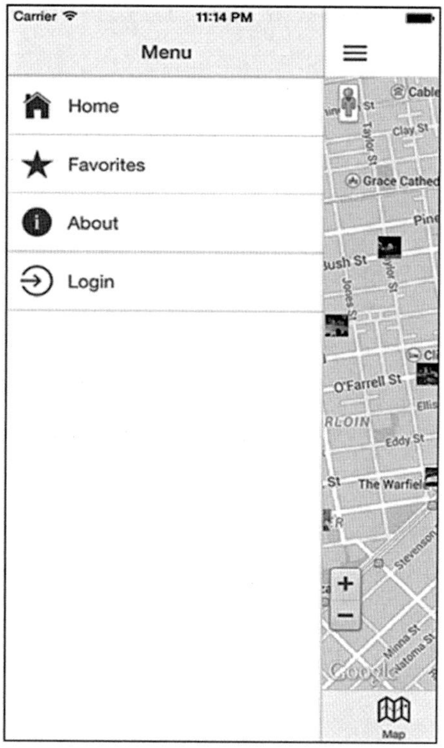

우리가 사용하는 공통 UI 엘리먼트들은 다음과 같다. menu title과 함께 header bar, 오른쪽으로 움직여 메뉴를 열게하는 menu toggle, menu item의 리스트를 포함하는 menu content 이다. 아래는 Ionic 템플릿을 사용한 것이다.

```
// /www/templates/menu.html
<ion-side-menus enable-menu-with-back-views="false">
```

```
    <ion-side-menu-content>
      <ion-nav-bar class="bar-stable">
        <ion-nav-buttons side="left">
          <button class="button button-icon button-clear
  ion-navicon"menu-toggle="left"></button>
        </ion-nav-buttons>
    </ion-nav-bar>
    <ion-nav-view  name="menuContent"animation="slide-left-
right"></ion-nav-view>
  </ion-side-menu-content>

  <ion-side-menu side="left">
    <ion-header-bar class="bar-stable">
        <h1 class="title">Menu</h1>
    </ion-header-bar>
    <ion-content class="has-header">
      <ion-list>
        <ion-item    menu-closeclass="item-icon-left"ui-
sref="app.home.map"ui-sref-opts="{ reload: true, inherit:false }">
        <icon ios="ion-ios-home"default="ion-home"></icon>
        Home
      </ion-item>
      <ion-item    menu-closeclass="item-icon-left"ui-
sref="app.favorites">
        <icon ios="ion-ios-star"default="ion-star"></icon>
        Favorites
      </ion-item>
      <ion-item    menu-closeclass="item-icon-left"ui-
sref="app.intro">
        <icon    ios="ion-ios-information"default="ion-
information-circled"></icon>
        About
      </ion-item>
      <ion-item    menu-closeclass="item-icon-left"ng-
click="login()"ng-hide="isLoggedIn()">
          <i class="icon ion-log-in"></i>
          Login
      </ion-item>
```

```
        <ion-item   menu-closeclass="item-icon-left"ng-
click="logout()"ng-show="isLoggedIn()">
          <i class="icon ion-log-out"></i>
          Logout
        </ion-item>
      </ion-list>
    </ion-content>
    </ion-side-menu>
  </ion-side-menus>
```

5.1.1. ion-side-menus

첫 번째 지시자로 ion-side-menu에 대하여 살펴볼 것이다. 이것은 사이드 메뉴와 메인 컨텐츠를 위한 엘리먼트를 포함하고 있다. 이것은 왼쪽으로부터 오른쪽이나 그 반대 방향으로 메인 컨텐츠를 드래그하는 사이드 메뉴를 만들 수 있다. Trendicity에서는 enable-menu-with-back-views 옵션을 false로 설정하였다.

5.1.2. ion-side-menu-content

사이드 메뉴 구조의 한 부분은 ion-side-menu-content 지시자로 정의했다. 이것은 사이드메뉴에서 메인으로 보여지는 컨텐츠를 위한 컨테이너를 ion-side-menu-content 지시자로 정의한다. 이 지시자는 하나 또는 그 이상의 ionSideMenu 지시자에 포함될 수 있다. 이 지사자는 직접 사용할 수도 있고 다른 엘리먼트의 요소로 사용될 수도 있다. 예로, ion-side-menu-content는 ion-pane 엘리먼트의 요소로 정의할 수 있다.

```
<ion-pan ion-side-menu-content>
<!— ion-pan contents —>
</ion-pane>
```

ion-pane는 어떠한 스타일 부작용이 없도록 감싸는 간단한 지시자이다.

5.1.2.1. 컨텐츠를 드래그하여 사이드 메뉴를 여는 것을 비활성화하기

기본적으로 사용자는 어플리케이션의 컨텐츠를 왼쪽에서 오른쪽으로 드래그하여 사이드메뉴를 연다. `ion-side-menu-content` 지시자는 이런 행동을 위해 `drag-content`라고 불리는 속성을 옵션으로 제공한다. 이것을 *false* 설정하면 이 행동을 비활성화시킬 수 있다. Trendicity에서는 이 지시자의 기본 값인 *true*가 필요하여 이 속성 값을 다르게 정의하지 않았다.

만약 스크린 끝부터 얼마의 거리를 두어서 컨텐츠를 드래그하는 것을 설정하기 위한 방법은 공식 문서를 참조하면 된다.

5.1.3. ion-side-menu

다음으로 살펴볼 것은 중요한 `ion-side-menu` 이다. `ion-side-menu` 지시자는 항상 `ion-side-menus` 지시자의 자식이 되어야 한다. 이것을 이용하여 왼쪽 또는 오른쪽에 위치하는 사이드메뉴를 정의할 수 있다. 사이드 메뉴의 위치를 정의하기 위해 다음과 같이 side 속성을 사용한다.

```
<ion-side-menu side="left">
<!-- header와 menu item의 리스트와 같은 사이드 메뉴 컨텐트 -->
</ion-side-menu>
```

`side` 속성은 left 또는 right의 값을 가질 수 있다. 사이드메뉴의 `width`는 기본적으로 275px로 설정되어 있다. 만약 사이드메뉴의 `width`를 임의로 변경하고 싶으면 다음과 같이 `width` 속성을 사용하여 간단하게 해결한다.

```
<ion-side-menu side="left"width="200 + extraPadding">
<!-- header와 menu item의 리스트와 같은 사이드 메뉴 컨텐트 -->
</ion-side-menu>
```

위와 같이 width는 valid AngularJS expression에서 제외된다. *vaild expression*은 AnguarJS 문서 안에 있는 Expression을 참조한다: https://docs.angularjs.org/

guide/expression

5.1.3.1. 사이드메뉴를 프로그래밍적으로 비활성화시키기

어떤 경우에는 사이드메뉴가 비활성화되게 할 수 있다. 컨텐츠가 포함된 사이드메뉴를 오직 로그인된 사용자를 위해서만 이것을 활성화하고 싶을 때나 또는 사용자가 사이드메뉴 활성화를 원하기 전에는 이것을 활성화시키지 않아야 할 때가 있다. 이런 특별한 경우, Ionic은 `is-enabled` 속성을 사용한다. 대부분의 Ionic 속성과 같이 이것은 AngularJS 표현식에 유효하다.

```
<ion-side-menu side="left"width="200 + extraPadding"is-enabled="isLoggedIn()">
<!-- header와 menu item의 리스트와 같은 사이드 메뉴 컨텐트 -->
</ion-side-menu>
```

위 예제에서 사이드 메뉴의 활성화와 비활성화 체크를 위해 `isLoggedIn()` 메소드를 호출한다.

`<ion-side-menu>` 지시자와 함께, 원하는 방법대로 디자인할 수 있다. 어플리케이션에 다른 뷰와 함께 `<ion-side-menu>` 컨텐츠를 구성할 수 있다. Trendicity 안에 어떻게 메인 메뉴가 구축되었는지 보면 명확하다: 이것은 header와 함께 기본 뷰, 컨텐츠와 리스트 지시자로 메뉴 항목을 보여 준다.

5.1.4. ion-header-bar

첫 번째 살펴볼 것은 `<ion-header-bar>` 지시자이다. 이것은 어플리케이션에 있는 header 엘리먼트와 비슷하고, 타이틀을 어떻게 정렬할지 고민하지 않아도 되며, *tap-to-scroll*과 같은 모바일에 최적화된 기능을 가지고 있다.

tap-to-scroll 기능은 매우 편리하다. 이것은 사용자가 headerbar를 터치할 때, `<ion-content>` 엘리먼트는 top으로 스크롤하여 돌아가게 된다. 이 기능을 끄는 방법은 아래와 같이 `<ion-header-bar>` 지시자에 no-tap-scroll 속성을 추가하고 *true* 값을 설정하면 된다.

```
<ion-header-bar align-title="left"no-tap-scroll="true"
class="bar-stable">
   <h1 class="title">Menu</h1>
</ion-header-bar>
```

우리는 우리의 사이드메뉴에 tap-to-scroll 기능을 적용하기 원하기 때문에, 샘플 코드에서는 이것의 값이 false 값으로 설정되어 있다.

5.1.4.1. header title 정렬

`<ion-header-bar>`의 `align-title` 속성을 사용하여 header의 title을 정렬할지 정의할 수 있다. 기본적으로 정렬은 플랫폼에 의존적으로 만들어진다. 이 의미는 iOS에서는 title이 *center*로 정렬이 되고, Android 플랫폼에서는 텍스트가 *left*로 정렬이 된다. `align-title` 속성은 *left*, *right*, 또는 *center*의 값을 가질 수 있다.

5.1.5. 사이드 메뉴 감싸기

앞에서 어플리케이션의 사이드메뉴 로직을 제어하기 위해 필요한 모든 지시자를 설정하였다. 탑 레벨에서부터 `<ion-side-menus>` 지시자로 시작했다. 이것은 `<ion-side-menu>` 지시자들을 포함하고 있고 메인 컨텐츠를 가지고 있는 `<ion-panel>` 지시자를 포함하고 있다.

5.1.5.1. 마지막, 그러나 마지막이 아닌

아직 주의하여 보지 않은 것 중에 작지만 중요한 부분이 있다. 그것은 `menu-close` 지시자이다. 이것은 오직 클릭할 수 있는 엘리먼트에 속성으로 지시자를 추가할 수 있다. Trendicity에서 우리는 각각의 메뉴 아이템이 `menu-close` 지시자를 가지고 있다. 이것은 이 링크를 탭하는 순간 곧바로 사이드 메뉴를 닫게한다.

리스트 항목들이 정렬되기 시작하거나 하위메뉴가 열릴 때, `<ion-side-`

menu> 지시자가 탭이 되더라도 내부에서 어떠한 이유로 닫혀지지 않을 수 있다. 이럴 때 수동으로 menu-close 지시자를 사용해 강제로 이 행동을 할 수 있다.

<ion-item> 지시자를 가지고 메뉴 아이템을 설정할 때, ui-sref라는 속성 지시자를 사용하는 것에 주의한다. 이것은 엘리먼트의 href 속성과 비슷하게 어플리케이션의 특별한 부분을 가르킨다. 이것을 라우트라고 정의하며, 다음 장에서 Angular UI의 UI-Router 컴포넌트를 설정할 것이다.

5.2 AngularUI 라우터 컴포넌트를 사용하여 라우트 제어하기

Ionic은 Angular UI Router 모듈을 사용하여 어플리케이션 인터페이스가 다양한 state를 구성할 수 있게 한다. state를 정의하고 route를 제어하는 것은 Ionic의 부분이 아니기 때문에 이 장에서는 Augnlar UI Router 컴포넌트를 가지고 라우트를 설정하는 기본적인 것만 다룬다. 이 글을 작성할 때, Angular UI Route 컴포넌트를 사용하는 것 AngularJS 어플리케이션을 위한 고급 라우팅 설정하는 방법 중에 하나였다.

5.2.1. Angular UI에 관하여

AngularUI는 AngularJS를 위한 비표준 위젯과 지침을 만들기 위해 커뮤니티 내부에서 하나의 프로젝트로 시작하였다. (마치 jQueryUI가 jQuery를 위한 것 처럼). 이것은 많은 위젯 랩퍼와 함께 하나의 프로젝트로 시작되었지만, 여러 다른 팀과 함께 조직적으로 발전했다.

5.2.2. AngularJS 어플리케이션은 라우팅의 미래

이 책에 작성된 것과 Trendicity 어플리케이션은 최근에 릴리즈된 AngularJS

1.3을 사용하여 만들었다. Angluar 2.0을 위해 새로운 라우터가 개발이 될 것이다. 이것은 또한 현재 Angular 1.3을 위해 개발되고 있다. 새로운 라우터는 state를 기반으로 하여 AnularUI Router와 유사할 것이다. AngulsrJS가 새로운 라우터를 개발하더라도 Drifty는 Ionic의 라우터를 위해 이것을 적용할 것이다.

5.2.3. 어플리케이션 라우트 설정

`app.js`(이것은 `source/app/scripts/app.js`에서 찾을 수 있다)파일에 어플리케이션에서 사용하는 모든 라우팅 로직을 포함한다. 이 로직은 앞에 언급한 UI Router 컴포넌트를 사용하여 정의한다. TrendiCity에 `$stateProvider`와 `$urlRouterProvider`를 사용하여 라우팅을 완전히 설정하는 것을 살펴보자.

```
// ... app.js 코드 상단 설정 부분

.config(function($stateProvider, $urlRouterProvider){
  $stateProvider.state('app',{
    url:'/app',
    abstract:true,
    templateUrl:'templates/menu.html',
    controller:'AppCtrl'
  })

  .state('app.intro',{
    url:'/intro',
    views:{
      'menuContent':{
        templateUrl:'templates/intro.html',
        controller:'IntroCtrl'
      }
    }
  })
```

```
.state('app.favorites',{
  url:'/favorites',
  views:{
    'menuContent':{
      templateUrl:'templates/favorites.html',
      controller:'FavoritesCtrl'
    }
  }
})

.state('app.home',{
  url:'/home',
  abstract:true,
  views:{
    'menuContent':{
      templateUrl:'templates/home.html',
      controller:'HomeCtrl'
    }
  }
})

.state('app.home.map',{
  url:'/map/?latitude&longitude',
  views:{
    'tab-map':{
      templateUrl:'templates/tab-map.html',
      controller:'MapViewCtrl as mapCtrl'}
    }
  }
})

.state('app.home.card',{
  url:'/card',
  views:{
    'tab-card':{
      templateUrl:'templates/tab-card.html',
      controller:'CardViewCtrl'
    }
```

```
        }
      })

      .state('app.home.list',{
        url:'/list',
        views:{
          'tab-list':{
            templateUrl:'templates/tab-list.html',
            controller:'ListViewCtrl'
          }
        }
      });

  // if none of the above states are matched, use this as the
fallback
      $urlRouterProvider.otherwise('/app/home/map/');
  })

  // ... app.js 계속
```

5.2.4. 간단한 state 정의

라우팅을 설정할 때 우리는 두 가지 설정을 볼 수 있다. 그 중 하나는 꽤 간단한 것이다.

```
  .state('app',{
    url:'/app',
    abstract:true,
    templateUrl:'templates/menu.html',
    controller:'AppCtrl'
  })
```

여기서 state 이름을 정의하고 URL을 /app 값을 정의했다. 앞에서 언급한 state 설정 오브젝트와 다른 한 부분은 abstract 키이다. astract를 true로 설정한다는 것은 state를 추상적인 상태로 정의한다는 의미이다. 이 말은 자식

state를 가질 수 있지만 그것 자체가 활성화될 수 없다는 의미이다. abstract state는 간단히 말해 전환할 수 없는 state이다. 이것은 자손들이 활성화가 되고 난 이후에 묵시적으로 활성화가 된다. 따라서 이는 어플리케이션에서 /app 라우트를 열수 없다는 것을 의미한다.

abstract state에 관하여 좀더 자세한 것을 위해 AngularUI 팀에서 소개하는 문서를 읽어보면 어떻게 사용하는지 알 수 있다.

5.2.5. 뷰 이름과 사용자정의 템플릿과 컨트롤러와 함께 state 정의

다음으로 아래와 같이 state 이름을 정의했다.

```
.state('app.home',{
  url:'/home',
  abstract:true,
  views:{
    'menuContent':{
      templateUrl:'templates/home.html',
      controller:'HomeCtrl'
    }
  }
})
```

한 가지 주의할 점은 여기서 state의 설정 오브젝트 안에 views 프로퍼티를 정의한 것이다. views 프로퍼티에는 뷰의 이름을 위한 사용자 정의 템플릿 파일과 컨트롤을 저장한다.

이전 장에서 사이드메뉴 템플릿 파일을 구축한 다음과 같은 부분을 기억할 것이다.

```
<ion-side-menu-content>
  <ion-nav-bar class="bar-stable">
    <ion-nav-buttons side="left">
      <button
        class="button button-icon button-clear ion-navicon"
```

```
        menu-toggle="left">
      </ion-nav-buttons>
    </ion-nav-bar>
    <ion-nav-view
      name="menuContent"
      animation="slide-left-right">
    </ion-nav-view>
</ion-side-menu-content>
```

여기서 menuContent 이름으로 <ion-nav-view> 지시자를 정의했다. 앞에서 언급한 것과 같이 Ionic은 AngularUI의 Router 컴포넌트와 함께 만들어졌다. 뷰의 이름은 앞의 코드에서 정의한 뷰의 이름과 정확히 일치하게 정의한다. 코드를 하나하나 살펴보자. 첫째 state를 정의했고 이전에 정의한 것과 같은 사용자정의 라우트를 정의한다. 그런다음 우리는 *views* 프로프티에 오브젝트를 추가한다.

```
    .state('app.home',{
      url:'/home',
      abstract:true,
      views:{
        'menuContent':{
          templateUrl:'templates/home.html',
          controller:'HomeCtrl'
        }
    }
})
```

설정 오프젝트 안에 키로써 정의한 뷰의 이름에 의해서 라우트는 templates/home.html 템플릿을 로드하고 이것은 HomeCtrl 컨트롤러를 사용하여 관리될 것이다.

5.3 Trendicity 라우팅

이제 Ionic 프로젝트에 Angualr UI 팀의 UI-Router 컴포넌트를 사용하여 라우트를 설정하는 것이 친숙해 졌을 것이다. 당신은 라우트 설정으로 어떻게 포함되는 뷰에 스코프를 상속시키는지를 알 수 있을 것이다. 추가적으로 최상위 라우트를 abstract 라우트로 제공하는 것을 할 수 있을 것이다.

라우터 설정시 고려할 사항은, 어플리케이션을 시작하여 사용자들이 어떻게 많은 라우트를 이동하는지를 고려하여 라우트를 설정하는 것이 중요하다.

06 Ionic과 Map view 통합하기

앞에서 Trendicity에 있는 Favroties 특징을 구현하였다. 사용자는 fovorite 위치로 city와 추가적으로 state 또는 country를 요청할 할 수 있다. 그러면 Trendicity는 `GeolocationService`를 이용하여 입력 받은 주소를 위도와 경도 속성으로 변환하여 favorite 오브젝트를 저장할 것이다.

이 위치 정보는 지도를 중심으로 특정 위치에 가까이 있는 인스타그램의 포스트들을 가져와서 그것을 지도 뷰 위에 보여 줄 것이다. 이 장에서는 이 지도 뷰에 초점을 맞추어 설명할 것이다. 우리는 Google Maps 지시자를 사용하는 방법과 마커를 위치시키고 설정하는 방법을 소개할 것이다.

6.1 Google Maps을 위한 AngularJS 고르기

Ionic은 프레임워크 안에 지도 지시자를 가지고 있지 않지만 커뮤니티 지시자를 사용할 수 있다. 예제 어플리케이션 Trendicity 경우에 우리의 요구사항 3가지를 충족시켜 줄 Angluar 기반의 라이브러리가 필요하다.

1. Google Maps의 타일 서비스
2. 모바일 디바이스의 빠른 성능
3. 오프라인 기능 필요없음

솔직히 말해서 Trendicity를 구축할 때, 이 부분이 가장 어려운 부분이였다. Google Map에 관련된 다양한 방법들이 있다. `new google.maps.Map()`을 완벽한 비동기로 호출하는 Google Maps v3 API 로딩하고 마커와 다각형을 위한 지시자를 가지고 초기화시키는 것을 다룰 것이다.

우리는 Google Maps Angular 프로젝트의 세 가지 섹션을 다룰 것이다. 이 장에서는 존재하는 Ionic 프로젝트에서 어떻게 써드파티 라이브러리를 쉽게 구현할 수 있는지를 다룰 것이다. Ionic의 'magic switch' `data-tap-disabled`와 어떻게, 언제, 왜 적용하는지를 다룰 것이다.

6.1.1. 지도 뷰 후보

지도 뷰에 관련된 라이브러리를 살펴보자.

6.1.1.1. ANGULAR-GOOGLE-MAPS

'angular google maps' 라는 검색어를 가지고 검색을 하면 많은 결과 중에 *angular-google-maps* 라이브러리가 첫 번째 결과로 나올 것이다. 이것은 Angluar UI 팀의 다른 프로젝트이고 문서화가 잘 되어 있다. 프로젝트는 매우 활발하게 진행되고 있고 아주 큰 커뮤니티를 가지고 있다. 하지만 이는 특정 지시자를 적용하고 마커와 마커 윈도우를 위한 지시자를 이해하는데 어려움이 있을 수 있다.

6.1.1.2. UI-MAPS

혼란스럽게도, 같은 Angular UI 팀은 또한 *ui-maps* 프로젝트를 가지고 있다. Github 저장소 페이지에 기웃거리면 우리는 이것의 문제점을 빠르게 알 수 있다. 이 순간에도, 프로젝트는 해결되지 않은 pull requests가 많이 있고 마지막 업데이트가 1년 전이다. 따라서 우리는 이것을 사용하는데 신뢰를 가질 수 없었다. 어떤 커뮤니티 리포트와 issues 섹션 안의 주제로 우리는 Angular UI 팀이 *angular-google-maps*를 지지하고 이 프로젝트를 진행하지 않는 것을 발견했다.

6.1.1.3. LEAFLEFTJS

*Leflet*은 완전히 다른 것이다. 이것은 Angular와 함께 하이브리드 어플리케이션을 만드는 것에 관해 생각하기 시작하기 전부터 있었다. 이것은 웹 어플리케이션에서 널리 사용되고 있는 오픈소스 자바스크립트 라이브러리이다. 이것은 대부분의 모바일과 데스트탑 플랫폼을 지원하고, HTML5, 그리고 CSS3를 지원한다. OpenLayers와 Google Maps API를 함께 사용할 수도 있으며, 가장 유명한 자바스크립트 지도 라이브러리 중에 하나이다. 그리고 이것은 FourSquare, Pinterest, 그리고 Flickr와 같은 메이저 웹 사이트에서 사용하고 있다.

6.1.1.4. 그리고 승자는?

*angular-google-maps*이다. 왜 *Leaflet*이 아닌가? 우리는 강력한 Google Maps의 지도와 상호작용하는 데모를 염두하고 있기 때문에 *angular-google-maps*를 사용하는 것이 최고의 선택이었다. 우리가 Google Map이 제공하는 Open Street Maps 타일로 변경했을 때, Leaflet을 사용할 때보다 모바일과 데스트압에서 성능이 아주 많이 떨어졌다. 성능을 결정하는 것과 오프라인 데이터 소스로부터 타일을 보여 줄 필요가 없었기 때문에 우리는 *angular-google-maps*를 결정했다.

Google Maps을 구현한 다른 Angluar 프로젝트들이 있고 많은 라이브러리 중에 찾아서 선택하면 된다.

6.2 위치 유틸 서비스 만들기

angular-google-maps 라이브러리를 사용하기 전에, 먼저 이미 4장에서 살펴본 GeolocationService를 살펴보자. GeolocationService 안에서 우리는 3가지 위치와 관련된 메소드를 구현하였다. 이 세 가지 메소드 중에서 하나는 getDefaultPoistion() 메소드이다. 이것은 기본 위치 오브젝트를 가져오는 방법이다. 우리는 이것을 사용자가 어떠한 이유 때문에 위치 정보를 가져올 수 없을 때 사용자의 실제 위치를 가져와서 반환하도록 한다.

6.2.1. ngCordova 와 $cordovaGeolocation 서비스 구현하기

다음은 getCurrentPosition() 메소드이다. 이 메소드는 $cordovaGeolocation 서비스를 사용하여 사용자의 현재 위치를 가져와서 promise를 반환한다.

```
// GeolocationService
// /www/js/services/geolocation.js

this.getCurrentPosition =function(){
  var defer = $q.defer();

  $ionicPlatform.ready(function(){
    var posOptions ={ timeout:10000,
    enableHighAccuracy:false
};

    $cordovaGeolocation
      .getCurrentPosition(posOptions)
      .then(
        function(position){
          $log.debug('Got geolocation');
```

```
            defer.resolve(position);
        },
        function(locationError){
            $log.debug('Did not get geolocation');

            defer.reject({
              code: locationError.code,
              message: locationError.message,
              coords: fallbackPositionObject
            });
          }
        );

    });

    return defer.promise;
  };
```

`$cordovaGeolocation` 서비스와 동일한 행동을 하는 것을 모방하기 위해서 나중에 promise를 반환하는 deferred 오브젝트를 만든다. 나중에 `$cordovaGeolocation.getCurrentPosition()`을 호출하면 ngCorodva 프로젝트로부터 설치된 Cordova 플러그인을 사용하여 GPS 하드웨어에 의한 사용자의 현재 위치정보를 가져올 것이다. ngCordova 사이트로부터 설명하는 것에 따라 *org.apache.cordova.geolocation* Cordova 플러그인을 아래와 같이 설치한다.

```
$ ionic plugin add org.apache.cordova.geolocation
```

그리고 Bower를 사용하여 ngCordova 프로젝트를 설치한다.

```
$ bower install --save ngCordova
```

6.2.2. $ionicPlatform.ready()

플러그인을 설치한 후에, `$codovaGeolocation` 서비스를 사용할 수 있다. 예리한 독자는 `GeolocationService`의 `getCurrentPosition()` 메소드가 기본적으로 `cordovaGeolocation`것과 동일하다는 것을 알았을 것이다. 왜 귀찮게 같은 것을 만들었을까? 그것은 `cordovaGeolocation: $ionicPlatform`을 감싸는 것이 한 가지가 중요하게 다르기 때문이다. 우리는 `$ionicPlatform.ready()` 안에 `$cordovaGelocation`을 감쌌다. $cordovaGeolocation 서비스는 디바이드드스가 실제 준비가 될 때 사용자의 위치를 찾기 시작할 것이다. 어플리케이션이 *webview*(Cordova) 안에서는 디바이스를 준비하는 과정에서 얻게 될 것이다. 만약 어플리케이션이 웹 브라우저 안에서는 이것은 `window.load` 이벤트 안에서 얻게 될 것이다.

6.3 Google Maps Geocode API를 사용하여 주소를 위치 오브젝트로 변환하기

다음은 `addressToPosition()` 메소드이다. 이것은 이미 4장에서 문자열로 된 주소를 지리 오브젝트로 가져오기 위해 사용하였다. 이 기능은 문자열 주소를 입력으로 받고, 지리 정보를 promise로 반환한다.

```
// GeolocationService
// /www/js/services/geolocation.js
this.addressToPosition =function(strAddress){
   var geocodingApiUrl ='http://maps.googleapis.com/
maps/api/geocode/json?address='+ strAddress +'&sensor=false';

   var convertResultToLatLng =function(result){
     var location = result.data.results[0].geometry.location;

     // Transforming the 'location.lat' and 'location.lng'
     // object to 'location.latitude' to be compatible with
```

```
        // getCurrentPosition과 같은 다른 위치 결과와 같이 사용하기 위해 location.lat
           와 location.lng을 location.latitude와 lacation.loguitude를 가지는 오브젝트
           를 반환하게 변경한다.
        return{
          latitude: location.lat,
          longitude: location.lng
        }
    };

    return $http.get(geocodingApiUrl).then(
        convertResultToLatLng,
        function(reason){
          return $q.reject(reason);
        }
      );
    };
```

Angular의 $http 서비스를 사용하여, Google Map Geocode API로 부터 지리 오브젝트를 가져온다. 데이터셋을 성공적으로 가져온 후에, 특별히 latitude 와 longitude 값을 걸러내어 반환한다.

6.4 tab 안에 Map 뷰 설정하기

`GeolocationService`를 설정하고 난 다음에는 *angular-google-maps*를 tab 뷰 안에 구현한다. 아래에 결과를 보고 한 단계씩 만들어 갈 것이다.

HTML을 사용하여 map 뷰를 제작한다.

```
// /www/templates/tap-map.html
<div data-tap-disabled="true"id="googleMap">
  <img class="map-pin-center"src="img/map-pin.png">
  <ui-gmap-google-map
    control="map.control"
    center="map.center"
    zoom="map.zoom">

    <ui-gmap-markers
      models="map.markers"
      coords="'coords'"
      icon="'icon'"
      click="'showPost'">
    </ui-gmap-markers>
```

```
    </ui-gmap-google-map>
</div>
```

6.4.1. 터치 디바이스에서 Touchstart, touchend, 그리고 click 이벤트

Ionic 프레임워크의 핵심 개발자 중에 한 명인 Adam Bradley는 'ghost clock' 과 'fastclick' 으로 열려진 300ms 클릭지연에 관하여 글을 썼다.

스마트폰이나 태블릿과 같은 터치 디바이스에서 브라우저는 사용자가 터치를 하고 멈추고 난 사이에 300ms 딜레이를 구현하였다. 이것은 초기에 사용자가 웹 페이지에서 줌을 위해 더블 탭을 원할 때 부를 수 있도록 고안된 것이다. 기본적으로 브라우저는 만약 사용자가 더블탭을 하거나 탭한 후 그것을 그리기 위해 300ms를 기다린다.

Ionic은 좀더 네이티브 어플리케이션과 같이 느끼게 만들기 위해 자동적으로 300ms를 제거한다. 결과적으로 fast click과 Anguar의 ngTouch는 충돌하는 것을 피하기 위해서 포함하지 않는다.

그러나 Ionic이 이러한 것이 문제의 해결책은 아니다. 성능을 개선할 때 이 문제를 해결하는 것이 필요할 것이다.

이제 `<ion-content>` 엘리먼트 안에 클릭 이벤트를 다루기 위해 두 개의 라이브러리를 가진다. 이것은 예상하지 않거나 원하지 않는 행동들을 가져올 수 있다. 예를들어 마커들을 클릭할 수 없거나 원하지 않는 더블클릭등이다. 클릭 이벤트를 관리할 때 두 가지 라이브러리의 행동을 추측할 수 없다. Ionic은 이런 경우를 위해 해결책을 만들어 놓았다. map view 안에 ionic의 클릭 이벤트 관리를 비활성화시키고 *angluar-google-maps*의 이벤트 관리를 허용하기 위해 data-tap-disabled 지시자를 추가해야 한다. 이렇게 하여 Google Map은 자신의 이벤트를 관리한다.

6.4.1.1. ui-gmap-google-map

다음은 `ui-gmap-google-map` 지시자를 살펴보자. 이것은 Google Maps을

초기화하는 엘리먼트를 감싸고 있다. Trendicity를 위해 우리는 control, center, 그리고 zoom 지시어의 세 가지 속성을 설정하였다.

```
// /www/templates/tap-map.html
<ui-gmap-google-map
   control="map.control"
   center="map.center"
   zoom="map.zoom">

   <!-- contents -->
</ui-gmap-google-map>
```

`control`은 빈 오브젝트인데 *angluar-google-maps*가 지도를 초기화한 이후에 기능을 확장할 것이다. 두 가지 함수를 추가한다. 첫 번째는 `getMap()`으로 이것은 지시자를 사용하연 Google 지도를 바로 참조할 수 있는 인스턴스를 반환한다. 그리고 두 번째는 `refesh(optionalCoords({latitude:, longitude})`이다. 이것은 만약 특별한 경도점이 없으면 현재의 경도점으로 현재 지도를 새로고침한다.

`center`는 latitude와 longitude를 배열 또는 오브젝트를 지도 중앙으로 위치시킨다. 기본적으로 사용자의 현재 위치를 `GeolocationService.getCurrentPosition()` 메소드를 사용하여 지도의 중앙으로 위치시킨다.

zoom은 지도의 zoom 레벨을 값을 표현한다.

6.4.1.2. ui-gmap-markers

`ui-gmap-markers`는 이후 비즈니스의 주문으로 마커를 지도에 추가하기 위해 설정할 수 있는 지시자이다. 고맙게도 *angluar-google-maps*는 AngularJS `ui-gmap-markers`를 이용하여 여러 마커를 효과적으로 관리할 수 있는 것을 도와주는 지시자를 포함하고 있다. Trendicity의 지도는 여러 개의 마커를 표현하기 때문에, 다수의 마커를 사용하는데 좀더 효과적으로 할 수 있다. 이것을 하나의 마커 지시자를 사용하여 `ng-repeat`를 사용한다면 높은 오버헤드를 가지게 되기 때문이다. 이 지시자는 models, coords, icon, 그리고

click 네 가지 설정 옵션을 가지고 있다.

```
// /www/templates/tap-map.html
<ui-gmap-markers
   models="map.markers"
   coords="'coords'"
   icon="'icon'"
   click="'showPost'">
</ui-gmap-markers>
```

model은 지도에 각각 추가할 마커를 정의한 오브젝트들의 배열이다. 각각의 오브젝트는 반드시 identifier 속성을 포함하고 있어야 한다. 이것은 나중에 map view Controller 섹션 안에 map.markers 배열 구조를 볼 수 있을 것이다.

coords는 모델 배열에 포함된 오브젝트에서 마커가 표현될 위치점을 가지는 오브젝트의 속성 이름이다. 참조되는 오브젝트는 반드시 latitude와 longitude 속성을 포함하고 있거나 또는 GeoJSON Point 오브젝트를 포함하고 있어야 한다. 특별한 값 self는 지시자에 사용하는 마커 위치점의 오브젝트 값을 포함하는 배열에 바로 접근할 수 있다.

icon은 모델 배열에 포함하고 있는 각 마커의 아이콘 이미지를 위한 URL을 값을 가지는 속성의 이름이다.

click은 마커에서 클릭 이벤트가 일어 나면 실행하는 제어함수를 표현한다. 이 경우 마커 모델에 있는 제어 함수의 이름을 문자열로 사용하였다.

6.4.1.3. Nav Bar 오버라이딩하기

계속하여 Map View Controller를 살펴보기 전에, 지도 뷰의 템플릿 파일 /www/templates/home.html을 살펴보자. 이곳에는 모든 탭을 위해 오버라이드 된 ion-nav-bar가 포함되어 있다.

두 버튼은 네비게이션 바의 오른쪽에서 사용된다. 하나는 핀의 위치가 변경된 이후 새로고침을 하고 다른 것은 사용자의 위치에 핀을 재위치시키는 것이다. 이 작업을 완성하기 위해 새로운 ion-nav-bar 지시자를 ion-view 안에서 ion-content 밖에 위치시킨다.

```
// /www/templates/tap-map.html
<ion-nav-bar>
  <ion-nav-buttons side="left">
    <button menu-toggle="left"class="button button-icon icon
ion-navicon"></button>
  </ion-nav-buttons>
  <ion-nav-buttons side="right">
    <button class="button button-icon icon ion-refresh"ng-
click="refresh()"></button>
    <button class="button button-icon icon ion-pinpoint"ng-
click="locate()"></button>
  </ion-nav-buttons>
</ion-nav-bar>
```

6.5 Map 뷰 컨트롤러

지도 탭 안에 Map 뷰를 위한 HTML을 감쌌다. 우리는 Ionic이 탭과 클릭 제어를 하지 않도록 `data-tap-disabled` 지시자를 사용하였다. *angular-google-map* 라이브러리에 제공하는 두 지시자의 설정을 다루었다. 그리고 어떻게 맵 뷰의 기본 네비게이션 바를 오버라이드할 수 있는지 다루었다. 이번 섹션에서는 `MapViewCtrl`의 구현을 살펴볼 것이다. 그리고 어떻게 쉽게 AngularJS로부터 Google Map 컴포넌트를 관리할 수 있는지 배울 것이다.

6.5.1. 컨트롤러 초기화하기

`MapViewCtrl`가 처음 로드할 때, 위에서 살펴본 *angular-google-maps*의 두 가지 지시자에 설정하기 위한 정보 `$scope.map` 오브젝트를 초기화한다. 추가적으로 `uiGmapGoogleMapApi` 서비스는 SDK가 준비될 때, 현재

google.maps 오브젝트를 promise로 반환한다. 또한 이후에 불려질 $scope.refresh() 또는 $scope.locate()에 작업을 할당한다. 모든 로직은 $ionicView.enter 이벤트를 위한 핸들러 안에 포함되어 있다. 지도는 매번 뷰에 들어올 때 초기 위치에 따라 갱신될 수 있다.

```
// /www/js/controllers/map.js
$scope.map ={
  zoom:15,
  center: GeolocationService.getDefaultPosition(),
  control:{},
  markers:[]
};

$scope.$on('$ionicView.enter',function(){
  $ionicHistory.clearHistory();
  $ionicSideMenuDelegate.canDragContent(false);

  uiGmapGoogleMapApi.then(function(maps){
    if($stateParams.latitude && $stateParams.longitude){
      $scope.map.center = $stateParams;
      uiGmapGoogleMapApi.then(function(maps){
        $scope.refresh($stateParams);
      });
    }else{
      $timeout(function(){
        var options ={
          timeout:10000,
          maximumAge:600000,
          enableHighAccuracy:false
        };
        $scope.locate(options);
      });
    }
  });
});
```

$timeout은 현재의 $distest 사이클이 끝날 때 까지 지연 실행을 하기

위해 사용한다.

6.5.2. 포스트 새로고침

핀의 위치를 변경할 때 새로운 인스타그램 포스트와 함께 맵 뷰를 새로고침하기 위해 아래의 `$scope.refresh()` 함수를 만들었다. `$scope.map.control` 오브젝트는 *angular-google-map* 라이브러리에 의해서 불려진다. 이것은 `ui-gmap-google-map` 지시자의 옵션을 설정하여 전달된다. 이것은 `getGMap()` 함수는 맵 뷰의 중앙에 latitude와 longitude를 접근하기 위해 호출되어진다. 이것은 핀을 한 위치 중심으로 새로운 인스타그램 포스트들을 가져오기 위한 `PostsService`의 `findNearbyPosts()`함수에 넘기는 위치 오브젝트를 만드는데 사용된다. 포스트를 사용할 수 있다면 마커 오브젝트의 새로운 배열을 만든다. 각 마커 오브젝트는 `coords`, `id`, `title`, `icon` 그리고 `data` 속성뿐만 아니라 `showPost()` 함수를 포함하고 있다. 오브젝트 속성들은 위에서 설명한 `ui-gmap-markers`의 설정이 필요하다. 끝으로 맵 뷰는 근처에 있는 인스타그램 포스트를 제대로 업데이트하도록 `scope.map.markers` 변수는 마커 오브젝트의 새로운 배열로 업데이트 된다.

```
// /www/js/controllers/map.js
$scope.refresh =function(position){
   var pinPos = position ||{
     latitude: $scope.map.control.getGMap().getCenter().lat(),
     longitude: $scope.map.control.getGMap().getCenter().lng()
   };
   PostsService.findNearbyPosts(pinPos).then(function(posts)
{
     var markers =[];
     _.each(posts,function(post){
     var image ={
         url: post.images.thumbnail.url,
         scaledSize:new google.maps.Size(20,20),
         origin:new google.maps.Point(0,0)
       };
```

```
        var marker ={
          coords: post.location,
          id: post.id,
          title: post.link,
          icon: image,
          data: post
        };
        marker.showPost =function(){
          $scope.showPost(post);
        };
        markers.push(marker);
      });
      $scope.map.markers = markers;
    });
  };
```

6.5.3. 사용자 위치하기

네비게이션 바 안에 ng-click으로 $scope.refresh() 함수가 연결된 새로고침 버튼을 가지고, 다음 비즈니스 순서는 사용자가 자신의 현재 위치에 핀을 재배치할 수 있도록 $scope.locate() 함수를 생성하는 것이다. 이 함수는 복잡하지 않고 $scope.map.center 변수를 업데이트하기 전에 GeolocationService의 getCurrentPosition() 함수를 사용하여 간단하게 처리한다. 사용자의 현재 위치 오브젝트는 $scope.refresh() 함수를 호출하면 근처의 인스타그램 포스트로 지도를 업데이트할 것이다.

```
  // /www/js/controllers/map.js
  $scope.locate =function(options){
    $ionicLoading.show();
    GeolocationService.getCurrentPosition(options).then(
      function(position){
        $scope.map.center = position.coords;
        $scope.map.control.refresh(position.coords);
        $scope.refresh(position.coords);
        $ionicLoading.hide();
```

```
      },function(){
        $ionicLoading.hide();
      }
    );
  };
```

6.5.4. 포스트 보여 주기

이제 우리는 새로운 인스타그램 포스트와 함께 지도를 새로고침할 수 있고 원래 위치로 재위치 시키는 것과 마커의 이미지를 클릭할 때 포스트의 큰 버전을 볼 수 있는 기능이 남아 있다. 이것은 마커를 클릭할 때, `$scope.showPost()` 함수 안에 있는 `$ionicPopup` 서비스를 사용하여 할 수 있다.

구현은 이 함수에 전달되는 post 오브젝트를 가지고 `$scope.currentPost` 변수의 업데이트로 시작된다. 그리고 버튼 배열을 정의한다. 사용자가 맵뷰로 부터 바로 새로운 포스트에 like를 할 수 있는 like 버튼을 위한 `onTap` 이벤트 핸들러 안에 `PostsService.likePost()` 함수를 사용한다. 아래는 `$ionicPopoup` 서비스에 관한 전체 설정이다.

```
  // /www/js/controllers/map.js
  $scope.showPost =function(post){
    $scope.currentPost = post;
    var postPopup = $ionicPopup.show({
    templateUrl:'templates/popups/post.html',
    scope: $scope,
    cssClass:'popup-full',
    buttons:[{
      text:'Like',
      type:'button-light',
      onTap:function(e){
        e.preventDefault();

        // 사용자가 like한 포스트일 경우
        if(!post.user_has_liked){
          PostsService.likePost(post.id)
```

```
            .success(function(){
              console.log('you liked it!')};
            });
          }else{
            console.log('you already liked it previously!');
          }
        }
      },{
        text:'Cancel',
        type:'button-light',
        onTap:function(e){
          $scope.currentPost =null;
          returntrue;
        }
      }]
    });
  };
```

팝업에 기본적으로 보여지는 것을 오버라이드 위해 $ionicPopup.show()가 호출될 때, 특별한 templateUrl과 cssClass 속성을 정의한다. $scope.currentPost 오브젝트로부터 데이타는 간단한 뷰를 만들기 위해 사용된다. 그러나 ionicPopup 서비스에 의해 버튼들의 핸들러가 처리되기 때문에 템플릿 안에는 어떠한 버튼 마크업도 포함되지 않는다는 것에 주의한다.

```
// /www/templates/popups/post.html
<div class="list">
  <div class="item item-avatar">
    <img ng-src="{{currentPost.user.profile_picture}}">
    <h2>{{currentPost.user.username}}</h2>
    <p>{{currentPost.caption.text}}</p>
  </div>

<div class="item item-image">
  <img ng-
src="{{currentPost.images.standard_resolution.url}}">
  </div>
</div>
```

6.5.5. Favorite 위치 로딩하기

`$ionicView.enter` 이벤트 핸들러 안에서 `$stateParams.latitude`와 `$stateParams.longitude`를 체크하는 것이 있다는 것을 볼 수 있다. `MapViewCtrl`은 근처에 있는 인스타그램 포스트를 로드하기 위해 `$scope.refresh()`를 가져와서 이 좌표들을 지도의 중간으로 설정한다.

이 파라미터들은 `/wws/js/app.js` 파일 안에 `/map` 라우트에 `$stateParams` 서비스를 사용하면 가능하고, 이것의 url 속성은 `/map?latitutde&longitude`로 설정한다. 이것은 파라미터 쿼리를 정의하기 위해 사용하는 문법이고 `$stateParams` 서비스에 의해 사용할 수 있다.

이번 장은 요구하는 위치를 인스타그램의 맵뷰에 표시하기 위한 함수를 만들기 위해 어떻게 *angular-google-maps* 라이브러리와 *ngCordova*의 `$cordovaGeolocation` 서비스가 영향을 주는지 보았다. `GeolocationService`에 대한 업데이트와 Ionic의 클릭 이벤트를 비활성화 하는 방법과 *angluar-*

6.6 요약

*google-maps*의 지시자를 설정하는 방법을 배웠다. 이번 장은 나중에 Ionic 프로젝트에 지도와 상호 통합할 때 필요한 툴과 예제를 제공하고 있다.

07 인증

인증은 모든 개발자가 프로젝트를 할 때 쉽게 만날 수 있는 있는 일반적인 문제이다. 보안은 오늘날 매우 중요한 결정을 하기 때문에 프로젝트 안에서 이 문제를 해결하는 것이 필요하다. 써드파티 라이브러리를 사용하는 것은 이 문제를 푸는데 도움이 되기도 한다. 어떤 경우 OAuth 기반의 접근을 사용하거나 다른경우 개발자가 어떻게 제어하는지 알 수 없는 자신만의 인증을 사용하기도 한다.

이 프로젝트에서는 인증을 가능한 자연스럽게 만들 것이다. 사용자가 로그인을 위해 입력하는 프롬프트를 가져오고, 사용자의 인증서를 넣고, 그리고 난 다음 홈페이지로 가져오는 것과 같은 과정을 원하지 않는다. 이것은 인증때문에 그들의 요구가 거절된 지점을 다시 가져오기 위해 몇 가지의 단계를 거쳐야 한다.

Ionic은 angular.js를 사용하기 때문에, angular-http-auth 라이브러리 (Witold Szczerba가 만든)를 사용하여 이 문제를 푸는데 도움을 받을 수 있다. 이 라이브러리를 이용하여 OAuth 기반 또는 전통적인 토큰 기반 인증 스키마를 사용할 수 있다.

7.1 요구되는 사용자 경험

사용자가 인증되지 않아 HTTP 요청이 실패하는 곳에서 로그인 페이지를 가져올 수 있는 투명한 인증 솔루션이 필요하다. 사용자가 로그인을 하고 난 이후에는, 어플리케이션 전체에 로그인 된 것으로 처리되어야 한다. Trendicity 어플리케이션에서 오른쪽 상단 검색을 선택하였을 때, 이 특징을 첫 번째로 다루는 것을 볼 수 있다.

$ionicPopover 안에 *My Feed* 옵션을 선택할 때, 로그인 입력창을 볼 수 있다.

*Login to Instagram*을 선택할 때, 인스타그램의 로그인 창이 나타날 것이다.

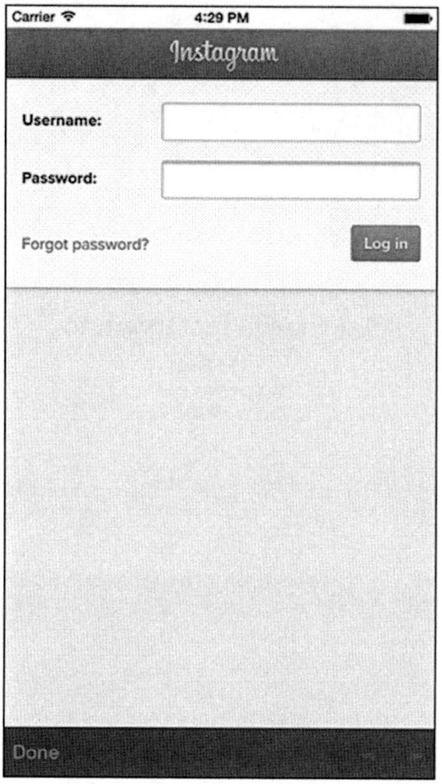

사용자가 성공적으로 로그인을 한 후, My Feed 포스트들을 보여 주기 위해 HTTP를 요청한다. 오직 이때 URL 파라미터에 access_token을 첨부할 것이다. 인증이 성공적으로 끝나면 사용자는 사용자의 feed를 위한 사진들을 볼 수 있다.

7.2 aungular-http-auth 사용하기

백엔드 서비스에서 일반적으로 인증이 필요한 요청을 할 때 HTTP 401 status code를 발행한다. angular-http-auth는 `HttpInterceptor`를 사용하여 `authService`라고 불리는 angular 서비스를 구현한다. 이 서비스는 HTTP 요청을 가로채기 할 것이고 HTTP 401 코드를 발견하면 authService는 event:auth-loginRequired를 브로드케스팅을 할 것이고 이벤트를 기다리고 있다가 사용자가 로그인하는 창을 열게 할 것이다.

7.2.1. OAuth2 기반 접근

인스타그램의 경우, 인증이 필요하기 때문에 요청 실패할 때 HTTP status 401 코드를 반환하지 않는 대신에 "Bad Request" 결과로 나타내는 일반적인 에러 코드HTTP status 400을 반환한다. 추가적으로 이것은 에러 타입을 반환한다. Trendicity 어플리케이션에서 *TrendicityIntercepter*를 만들것이다. app/scripts/services/interceptors.js 안에 다음 조건을 살펴보자.

```
responseError:function(rejection){
   if(rejection.status ==400&&
        rejection.data.meta.error_type ==
          'OAuthParameterException'){
     console.log("detected an Instagram auth error...");
     // 상태 값을 401로 설정한다
     rejection.status = 401;
   }
   return $q.reject(rejection);
}
```

만약 이 조건을 찾는다면 HTTP 401 상태코드를 설정하고 angular-http-auth authService 서비스는 event:auth-loginRequired를 사용할 것이다. app/scripts/controllers/app.js 안에 이 이벤트를 리스닝하도록 지정한 코드를 살펴보자.

```
$scope.$on('event:auth-loginRequired',function(){
   console.log('handling event:auth-loginRequired...');
   $scope.loginModal.show();
});
```

`event:auth-loginRequired`가 동작할 때, 사용자가 *Login with Instagram*을 선택할 수 있는 `ionicModal`을 보여 준다. 만약 사용자가 *Login with Instagram*을 선택하면, 인스타그램의 로그인 url을 가지고 새로운 창에 보여 줄 것이다. Trendicity 어플리케이션은 username과 password를 직접 다루는 프로세스가 없다.

아래는 `app/scripts/services/instagram.js`의 로그인 함수 코드의 일부분이다. 사용자가 인스타그램으로 로그인을 한 후, 사용자가 성공한 사실을 `angular-http-auth`의 `authService` 정보로 나타낼 것이다. `authService`는 HTTP 요청을 가져오기 위한 `configUpdater`에 함수를 적용할 것이다. 이것은 파라미터로 추가된 `access_token`과 이전의 인증되지 않은 요청을 재전송할 것이다. 만약 이미 인증되어 있다면 HTTP 요청을 위한 success/error/finally 블럭 중에서 적절하게 실행이 될 것이다.

```
this.login =function(){
  var configUpdater =function(config){
    config.params = config.params ||{};
    config.params.access_token = self.getAccessToken();
    return config;
  }

  if(self.isLoggedIn()){
    authService.loginConfirmed(null, configUpdater);
  }
}
```

7.2.2. 토큰기반 접근

토큰기반 인증(non-OAuth)은 신뢰할 수 있는 클라이언트와 서버 사이의 일반적인 인증방법이다. 이런 경우, 사용자가 username과 password를 입력하는 전통적인 로그인 페이지를 보여 줄 것이다. 이 방법은 어플리케이션 안에 username과 password를 입력하는 화면을 바로 보여 줄 수 있지만, OAuth의 경우 소유하지 않는 URL로 리다이렉트되는 것이다.

이 시나리오 안에, 사용자는 username과 password를 입력하고 입력 폼을 submit한다.

```
<div class="modal">
  <ion-header-bar>
    <h1 class="title">Login</h1>
    <div class="buttons">
      <button class="button button-clear"
              ng-click="closeLogin()">Close</button>
    </div>
  </ion-header-bar>
  <ion-content>
    <div style="color:red">${{message}}</div>
    <form ng-submit="doLogin()">
      <div class="list">
```

```
            <label class="item item-input">
              <span class="input-label">Username</span>
              <input type="text"ng-model="loginData.username">
            </label>
            <label class="item item-input">
              <span class="input-label">Password</span>
              <input type="password"ng-model="loginData.password">
            </label>
            <label class="item">
              <button class="button button-block button-positive"
                      type="submit">Log in</button>
            </label>
          </div>
        </form>
      </ion-content>
    </div>
```

다음 코드를 사용하여 컨트롤러 안에 있는 모달을 위해 HTML을 로드할 수 있다.

```
$ionicModal.fromTemplateUrl('templates/login.html',{
   scope: $scope,
   animation:'slide-in-up'
}).then(function(modal){
   $scope.loginModal = modal;
});
```

폼이 submit을 할 때, `doLogin` 함수는 불려질 것이다. 이 시나리오에서 사용자로부터 입력 받은 username과 password와 함께 post 요청을 한다. 이것은 로그인 요청이기 때문에 우리는 header 속성에 `ignoreAuthModule`을 true로 설정한다. 이 속성은 HTTP 상태 코드를 가로채는 것을 우회하기 위해 *angular-http-auth*`authService`를 호출할 것이다. 만약 로그인 요청 결과가 실패면, 인증이 필요한 일반적인 요청으로 잘못 이해하지 않도록 한다. 기본적으로 이것은 무인증 요청이다.

```
this.doLogin =function(username, password){
  $http.post('https://hostname/login',
    { username: username, password: password },
    { ignoreAuthModule:true})
  .success(function(data, status, headers, config){

    $http.defaults.headers.common.Authorization =
                              data.authorizationToken;

    var configUpdater =function(config){
      config.headers.Authorization = data.authorizationToken;
      return config;
    };

    authService.loginConfirmed(data, configUpdater);
  })
  .error(function(data, status, headers, config){
    $rootScope.$broadcast('event:auth-login-failed', status);
  });
}
```

만약 로그인 요청이 성공이라면, header의 default에 authorizationToken을 추가한다. 이것은 이후 요청을 인증할 것이다. 그런 다음 authServie에 로그인을 성공한 정보를 알릴것이다. 함수 안에서 HTTP 요청하기 전에 header에 authorizationToken을 추가하여 가능하게 할 것이다.

만약 로그인 요청에 에러를 받는다면, $rootScope에 event:auth-login-failed 이벤트를 알릴 것이다. 어플리케이션에 이 이벤트가 발생하면 로그인을 위해 사용하는 ionicModal 위에 에러 메세지를 보여 줄 것이다.

```
$scope.$on('event:auth-login-failed',function(e, status){
  var error ="Login failed.";
  if(status ==401){
    error ="Invalid Username or Password.";
  }
  $scope.message = error;
});
```

또한, *aungular-http-auth* 때문에 authService은 event:auth-loginConfirmed 이벤트를 발생할 것이다. 만약 필요하다면 이벤트가 발생할 때 어떤 것을 할 수 있다. TrendiCity의 경우, 인스타그램의 OAuth 2.0을 사용하기 때문에 어떤것도 필요하지 않다.

7.3 Login 취소

만약 사용자가 Login 화면에서 로그인을 결정하지 않는다면, 로그인 모달을 닫아야 한다. 이것을 처리하기 위해 *angular-http-auth*authService를 사용한다. 이것은 HTTP 요청을 기다리는 동안 취소할 수 있다. 예를 들어, app/scripts/controllers/app.js 안에 closeLogin 함수를 살펴보자.

```
// 로그인 모달을 닫을 때 실행한다.
$scope.closeLogin =function(){
   InstagramService.loginCancelled();
   $scope.loginModal.hide();
};
```

authService는 event:auth-loginCancelled 이벤트가 발생할 것인데, 이 이벤트가 발생할 때 특정한 작업을 할 수 있지만, Trendicity에서는 다른 어떤 작업도 하지 않는다.

7.4 요약

이번 장에서는 ionic 어플리케이션에서 로그인 과정을 도와주는 서드파티 *angular-http-auth*를 어떻게 사용하는지 배웠다. 이 라이브러리를 사용하여 어떻게 OAuth2 접근뿐만 아니라 전통적인 토큰 기반의 접근을 할 수 있는 방법을 배웠다.

08 Instagram Service

Trendicity 어플리케이션은 인스타그램으로부터 사진을 가져오고 어플리케이션에 제공하는 것이 필요하다. Trendicity는 인스타그램 API로 인스타그램과 통합한다. 계층화된 어플리케이션의 요구 때문에 인스타그램과 상호작용하는 것은 angular Service 안에 위치하게 된다. Trendicity의 InstagramService를 app/services/instagram.js 파일에서 찾을 수 있다.

인스타그램 API로부터 정보를 가져오기 위해, 먼저 Instagram Manage Clients를 사용해 인스타그램 클라이언트를 등록하고 client_id를 획득해야 한다. 항상 디바이스/시뮬레이터에 어플리케이션을 올려서 테스트할 수 없기 때문에 데스크탑 브라우저에서 실행할 때, 어플리케이션이 인스타그램 API 요청을 하기 위해, COR 문제를 해결하는 방법이 필요하다.

인스타그램 API는 무인증 과 인증 두 가지 다른 방법으로 요청할 수 있다. client_id를 가지고, Popular Posts와 Nearby Posts와 같은 요청을 무인증 요청으로 할 수 있다. 인증요청을 하기 위해, 우리는 반드시 OAuth 2.0 프로토콜을 사용하여 사용자 인증을 해야 한다.

Popular post와 Nearby Post를 가져오기 위해, 무인증 요청은 단지

client_id를 사용하여 만들 수 있다. 사용자의 feed, 사용자의 liked post를 가져오기, 또는 포스트에 like와 dislike를 하기 위해서는 반드시 인증 요청을 해야 한다. 주의할 것은 무인증과 인증 요청의 Limits가 다르다는 것이다.

8.1 인증

인스타그램 API는 OAuth 2.0 인증의 두 가지 타입을 제공한다, 서버측 인증과 클라이언트측 인증을 제공한다. Trendicity에서는 모바일 어플리케이션에서 클라이언트측 인증 접근을 사용할 것이다. 인스타그램의 로그인 URL을 새로운 창에서 여는 것이 필요하다. 사용자는 인스타그램에서 제공하는 폼에 username과 password를 입력하여 보내게 될 것이다. 인스타그램은 우리가 제공하는 URL로 리다이렉트할 것이다. URL은 accesstoken을 포함할 것인데 accesstoken을 사용하여 인증요청을 할 수 있다.

8.1.1. 로그인

Trendicity 어플리케이션은 단지 인스타그램의 로그인 url을 가지고 윈도우를 열기 때문에 절대 사용자의 실제 인증서를(username과 password) 보지 않지만 이것을 하기 위해 파라미터를 제공해야 한다.

- client_id : Instagram Manage Clients를 사용하여 설정한 client id 이다.
- redriect_uri : Instagram Manage Clients를 사용하여 설정한 redirect url이다.
- scope : 사용자 권한을 요청한다.
- response_type : 클라이언트측 인증을 위해 token을 설정할 것이다.

아래는 InstagramService의 login 함수로부터 가져와 간단하게 수정한 코드 일부이다. 비록 client_id를 제공하지만 직접 Instagram manage Client로 등록하여 획득한 것으로 설정하기를 권장한다.

```
var CLIENT_ID ='75d27c9457cd4d1abbacf80a228f4a10';
var AUTH_URL ='https://instagram.com/oauth/authorize';
var AUTH_REDIRECT_URL ='http://localhost:8100/
instagram.html';

var loginWindow = window.open(AUTH_URL
   +'?client_id='+ CLIENT_ID
   +'&scope=likes+comments&response_type=token&redirect_uri='
   + AUTH_REDIRECT_URL,'_blank',

'width=400,height=250,location=no,clearsessioncache=yes,clear
cache=yes'
);
```

데스크탑 브라우저에서나 디바이스/시뮬레이터에서 어플리케이션을 실행하기 위해서는 약간 다른 접근을 해야 할 필요가 있다. 이것을 도와주기 위해 ionic.Platform.isWebView() 함수를 사용할 수 있다.

8.1.1.1. 디아비스/시뮬레이터

인스타그램의 로그인 url을 가지고 새로운 창을 열기 위해, Cordova 기반 어플리케이션에서 새로운 창을 열기 위한 InAppBrowser Cordova 플러그인을 사용할 것이다. 이것은 표준 window.open() 함수를 사용할 수 있다.

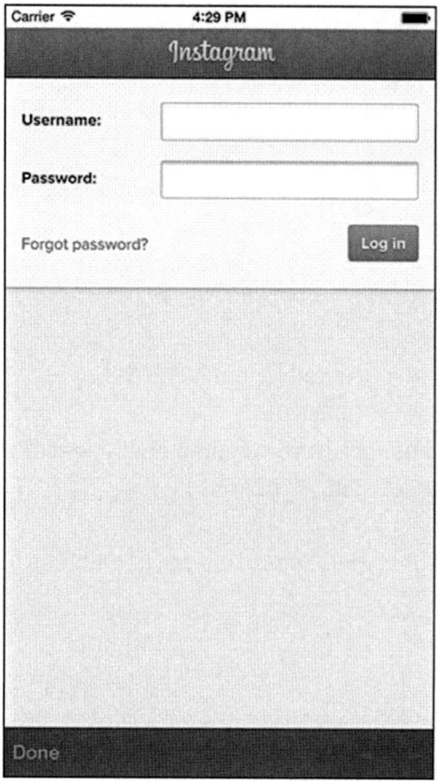

윈도우가 열리고 난 이후, WebView 안에서 동작하는 것을 볼 수 있다. InAppBrowser에 loadstart 이벤트 리스너에 추가한다. 사용자가 로그인할 때, url은 access_token을 위해 제공한 URL로 리다이렉트 URL로 변경될 것이다. access_token을 획득하게 되면 `localStorageService`를 사용하여 access_token을 저장하고 윈도우를 닫을 것이다.

```
if(ionic.Platform.isWebView()){
   loginWindow.addEventListener('loadstart',function(event)
{
      if((event.url).indexOf(AUTH_REDIRECT_URL)===0){
        var accessToken =(event.url).split('access_token=')
[1];
        localStorageService.set('accessToken', accessToken);
```

```
            loginWindow.close();
        }
    });
}
```

AUTHDERIECTURL을 `http://localhost:8100/instagram.html`로 정의할 때, 이 URL이 모바일 어플리케이션에서 어떻게 접근할 수 있는지 고려해야 한다. 디바이스/시뮬레이터에서는 이 페이지는 찾을 수 없다(404 - 페이지를 찾을 수 없는 페이지입니다)는 에러를 가져오면 우리는 창을 닫을 수 없다. 그래서 단지 url로부터 access_token을 가져오기 원한다면, 실제로 Instagram Manage Clients 설정 사이트에 정의한 redriect url과 일치하는 AUTHREDIRECTURL을 만든다. 데스크탑 브라우저에서 어플리케이션이 동작할 때 이것을 활용할 수 있도록 localhost로 정의한다

8.1.1.2. 데스크탑 브라우저

브라우저에서 Cordova Plugins을 사용할 수 없기 때문에, 약간 다른 접근방법을 사용해야 한다. 예상하는대로 window.open 함수는 단순히 새로운 브라우저 창을 열 것이다.

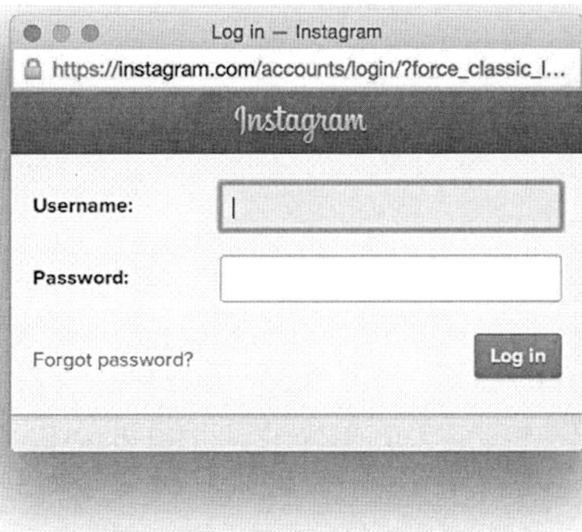

여기에 *WebView*와 같은 일을 하기 위해 윈도우에 `beforeunload` 또는

unload 이벤트 리스너를 추가할 것이다. 그러나 이 접근 방법은 몇 가지 문제가 있다. 이 방법은 일반적으로 크로스 브라우저 작업을 하지 않는다. 또한, 사용자가 틀린 username 또는 password를 입력할 때 문제가 있다. 개발할 때, 데스크탑 브라우저에서 로그인을 할 수 있게 개발 목적을 위한 "hack"을 만들 것이다.

```
if(ionic.Platform.isWebView()){
  // omitted for brevity
}else{
  var timesToRepeat =100;
  var intervalDelay =3000;// in ms

  var loginPoller =function(event){
    intervalCount++;
    if(self.isLoggedIn()){
      console.log('user is logged in now');
      $interval.cancel(promise);
    }else{
      if(intervalCount >= timesToRepeat){
        $interval.cancel(promise);
        loginWindow.close();
      }
    }
  };
  var promise =
    $interval(loginPoller, intervalDelay, timesToRepeat,
false);
  }
};
```

접근은 $internval의 사용으로 만든다. 이것은 javaScript의 setInterval을 사용하는 것과 유사하다. 인터벌 id를 반환하는 대신에, $interval은 pomise를 반환한다. 로그인 윈도우가 열리고 난 후, 사용자가 로그인 하거나 또는 최고의 반복수가 될 때까지 liginListener 함수를 3초마다 호출을 한다. 만약 최고의 반복수에 도달하면 인터벌은 취소를 하기 위해서 윈도우를 닫는다.

만약 사용자가 로그인을 한다면, 브라우저는 아래의 코드처럼 정의된 http://localhost:8100/instagram.html으로 AUTHREDIRECTURL로 리다이렉트할 것이다.

```
<!DOCTYPE html>
<html>
<head></head>
<script>
   function obtainAccessToken() {
     var accessToken = location.href.split('access_token=')
[1];
     localStorage.setItem('ls.accessToken', accessToken);
     window.close();
   }
</script>
<body onload="obtainAccessToken()">
   This is just a hack for getting the access token when
using a desktop browser.
</body>
</html>
```

instagram.html 페이지는 redirect url로부터 access_token을 획득할 것이다. 앞 섹션에서와 비슷하게 localStorage에 이것을 저장할 것이다. 여기서 accessToken의 앞에 ls를 붙여 angularLocalStroage에 기본 접두어로 사용한다. access_token을 저장하고 나면 윈도우를 닫는다.

8.1.2. 로그아웃

사용자가 로그아웃을 요청할 때, 인스타그램의 로그아웃을 시도할 것이다. 이 메카니즘은 인스타그램의 API에서 제공하지 않는 것이기 때문에 웹사이트에 로그아웃을 요청할 것이다.

```
this.logout =function(){
```

```
    var promise = ionic.Platform.isWebView()?
  $http.post(LOGOUT_URL): $http.jsonp(LOGOUT_URL);
    promise.error(function(data, status){
      console.log('logout returned status:'+ status);
    })
    .finally(function(){
      localStorageService.remove('accessToken');
    });
    return promise;
  };
```

이상하게 여길수도 있지만 여기에서는 *access_token*을 넘기지 않는다. 사용자가 인스타그램에 로그인할 때, 브라우저 안에 쿠키가 저장된다. 로그 아웃 요청을 하면 브라우저에 저장된 쿠키를 지울 것이다. 로그 아웃 요청을 하는것 대신에 access_token을 제거한다. 그러나 오늘날 보안을 매우 중요하게 다루기 때문에 만약 사용자가 로그아웃을 한다면 로그아웃 로그를 남길 것이다. 만약 사용자가 로그아웃을 하지 않았고 다시 로그인을 한다면, 사용자는 로그인할 필요 없이 쿠키를 사용할 것이다. 데스크탑 브라우저에서 동작할 때 CORS 문제를 피하기 위해, JSONP요청을 사용할 것이다.

8.2 CORS

Ionic 커뮤니티 안의 몇몇 사람은 과거에 개발과 테스트를 할 때나 데스크탑 브라우저를 사용할 때에 CORS 문제 때문에 많은 고생을 했었다. 하지만 디바이스/시뮬레이터에서 Crodova에서 제공하는 `config.xml` 안에 whitelist origin을 할 수 있기 때문에 CORS는 문제가 되지 않는다.

```
<access origin="*/>
```

어떤 경우에 백엔드를 제어하여 CORS를 사용할 수 있지만 다른 경우 백엔드에서 다루는 것을 할 수 없다. 여기서는 인스타그램과 매쉬업 작업을 하고 백엔드를 다루는 컨트롤러는 없다. 대부분의 추천하는 해결 방법은 Chrome을 사용하고 웹 보안을 비활성화시킨다. 이것은 매우 제한적이다. 만약 개발자가 Firefox 또는 다른 브라우저를 사용한다면 이 문제를 해결할 수 없을 것이다. 또한 사용자가 그들의 브라우저를 설정하는 것을 원하지 않거나 보안 설정을 하지 않을 수 있다. 다른 해결 방법은 JSONP를 사용하는 것이다. 인스타그램은 이것을 지원한다. 이것은 GET 요청만 할 수 있다. 그리고 에러가 발생할 때도 HTTP의 상태 코드는 항상 200으로 돌려주기 때문에 에러를 핸들링하는데 어려움이 있다. 하지만 여기에서는 POST와 DELETE 요청이 필요하다. ionic CLI은 이 문제를 해결하기 위한 훌륭한 방법을 가지고 있다.

데스크탑 브라우저에서 개발 또는 테스트를 할 때, ionic CLI(이것은 3장 개발환경, 툴 다루기와 작업 순서에서 소개했다)의 하나인 `ionic serve` 명령을 사용할 수 있다. `ionic serve`가 실행될 때, 이것은 HTTP 서버를 실행시킨다. `ionic serve`는 proxy 서버 설정을 할 수 있다. 같은 도메인 안에서는 특별한 url 경로를 위한 요청을 할 수 있다. Trendicity 어플리케이션의 디렉토리 최상위에 있는 `ionic.project` 파일 안에서 proxy 설정을 할 수 있다.

```
{
  "name":"trendicity",
  "app_id":"",
  "proxies":[
  {
    "path":"/instagram/api",
    "proxyUrl":"https://api.instagram.com/v1"
  }
]}
```

어플리케이션에서 `/instagram/api` HTTP를 요청할 때, proxy 서버는 `proxyUrl`을 대신해서 사용할 것이다. 이런 경우 `/instagram/api`에게 넘긴 파라미터를 가지고 `https://api.instagram.com/v1`에 사용할 것이다. 이것을 사용하면 브라우저에 크로스도메인 요청에 대한 고려는 하지 않아도 된다.

그래서 InstagramService에서 우리는 WebView 또는 데스크탑의 브라우저에서 실행하는 어플리케이션인지를 기반으로 API_ENDPOINT를 정의한다. 만약 데스크탑 브라우저에서 동작한다면 우리는 proxy 서버를 사용하고 ionic serve는 이것을 처리할 것이다.

```
var API_ENDPOINT = ionic.Platform.isWebView()
?'https://api.instagram.com/v1':'/instagram/api';
```

8.3 무인증 요청

Popular Posts 와 Nearby Posts와 같은 무인증 요청을 위해 반드시 client_id를 넘겨야 한다. client_id는 Instagram Manage Clients에서 인스타그램 클라이언트를 설정할 때 획득할 수 있다. 아래는 Popular Posts를 요청하는 예제이다. Nearby Posts도 이것과 비슷하다.

```
  var API_ENDPOINT = ionic.Platform.isWebView()
    ?'https://api.instagram.com/v1':'/instagram/api'';

  // Code omitted for brevity

  this.findPopularPosts =function(options){
    options = options ||{};
    options.client_id = CLIENT_ID;

    var promise = $http.get(API_ENDPOINT +'/media/popular',
      {params: options})
      .error(function(data, status){
        console.log('findPopularPosts returned status:'+
status);
    });
    return promise;
  };
```

client_id는 파라미터로 추가하기 위해 options 오브젝트 안에 저장하여 넘긴다. 어디서나 추가적인 파라미터를 넘기기 위해서는 다른 함수와 일관성있게 이와 같은 방법으로 처리한다. 이 방법은 나중에 추가적인 파라미터를 함수의 변화 없이 추가할 수 있다. 만약 사용자가 인증을 마쳤다면, access_token을 넘겨줄 것이다. 이유는 인스타그램에서 무인증 요청은 강력한 access limits을 가지고 있기 때문이다.

8.4 인증 요청

User Feed, Like Post 그리고 Dislike Post 같은 인증 요청을 위해 access_token을 넘기는 작업이 필요하다. 무인증과 인증 두 가지 모두 access_token을 넘기기 위해서 angular의 HttpIntercepter로 이 작업을 할 수 있다. 아래는 app/scripts/services/interceptor.js에 있는 TrendicityInterceptor의 일부분이다.

```
request:function(config){
  // Handle adding the access_token for instagram api
requests
  var InstagramService = $injector.get('InstagramService');
  if(InstagramService.isLoggedIn()&&
    config.url.indexOf(InstagramService.getEndpoint())===0){
  config.params = config.params ||{};
  config.params.access_token =
InstagramService.getAccessToken();
  }
  return config;
},
```

여기서 의존성의 싸이클을 피하기 위해 InstagramService를 주입한다. 사용자가 로그인을 했는지 체크하고 Instagram APIENDPOINT를 위한 HTTP 요청을 한다. 예제와 같이, 주의할 점은 Like Post 함수에서는

'accesstoken을 넘기지 않고 `endpoint url`의 부분으로서 mediaId' 를 넘기는 일을 한다.

```
this.likePost =function(mediaId){
  var promise =
    $http.post(API_ENDPOINT +'/media/'+ mediaId +'likes')
    .error(function(data, status){
      console.log('likePost returned status:'+ status);
  });
  return promise;
};
```

8.5 요약

이 장에서는 어떻게 인스타그램 API 요청하는 작업을 하고 어떻게 이것을 Trendicity `InstagramService`와 서로 공유하여 사용할 수 있는지를 다루었다. 데스크탑 브라우저에서 서로 다른 HTTP 요청을 할 때 발생하는 CORS 문제를 회피할 수 있는 `ionic serve`의 특징을 소개하였다. 데스크탑 브라우저에서 인스타그램에 로그인을 하기 위해 hack을 사용하는 것을 배웠다. Instagram client를 설정하고 획득한 `client_id`를 가지고 어플리케이션에서 인스타그램과 대화하기 위한 방법을 배웠다. angular `HttpInterceptor`를 사용하여 어떻게 인스타그램과 관련 있는 HTTP 요청에 자동적으로 access_token 파라미터를 추가하는지에 대한 방법을 살펴보았다.

만약 Ionic의 프레임워크보다 좀 더 하이브리드 모바일 어플리케이션 개발 에코 시스템에 실제 더 많은 것을 알고 싶으면 이것은 다음 장에서 배울 것이다.

Developing an Ionic Edge

09 향후방향

Ionic은 네이티브 어플리케이션 개발에 대한 대안을 제공하기 때문에 이것을 시작할 때 많은 개발자들이 진가를 알아본다. Ionic이 진화함에 따라 iOS, Android, Windows Phone, 그리고 BlackBerry를 포함한 여러 유명한 플랫폼에 훌륭한 하이브리드 모바일 경험을 만들기 위한 완벽한 SDK가 되었다. Ionic 팀은 끊임 없이 툴과 라이브러리, 플랫폼에 특화된 아이콘집합 그리고 컴포넌트와 같이 SDK를 위한 서비스들을 추가하고 있다. Ionic은 모바일 어플리케이션을 위한 자립 플랫폼으로써의 기능을 확장하고 있다.

이 장에서는 Ionic의 개발자 커뮤니티의 현재와 가까운 미래를 살펴볼 것이다.

9.1 Ionic 어플리케이션 홍보하기

훌륭한 어플리케이션을 만들고 난 뒤 홍보하는 것은 중요한 단계이다. 개발자의 어플리케이션의 시장성을 용이하게 하기 위해, Ionic은 자신의 웹 사이트에 Ionic으로 만든 어플리케이션을 showcase를 위한 섹션을 만들었다.

주목할만한 어플리케이션은 Songhop이다. 이것은 새로운 음악의 검색과 Spotify를 통합하였다. 다른 예제로 Sworkit은 의지적으로 신체를 단련하기 위해 디자인된 것이다. 당신은 또 Chefstps를 찾을 수 있을 것이다. 이것은 요리를 향상시켜 줄 수 있는 것이다. 더구나 이 어플리케이션은 모두 Apple의 App Store에 등록되어 있다.

분명하게, 하이브리드 모바일 어플리케이션은 스마트폰 산업에서 먼길을 걸어왔고 Ionic의 노력에 의해 훌륭하게 나아가고 있다.

9.2 Ionic Creator로 프로토타이핑하기

Ionic은 현재 직관적으로 드래그-앤드-드롭 인터페이스를 가지고 보다 효과적으로 어플리케이션을 빠르게 디자인할 수 있는 온라인 툴인 Ionic Creator를 릴리즈하였다. 작업을 마치면 Creator는 당신이 작업한 모든 기능을 모바일 디바이스에 동작하게 빌드하여 패키지한 Ionic 어플리케이션을 익스포트할 수 있다.

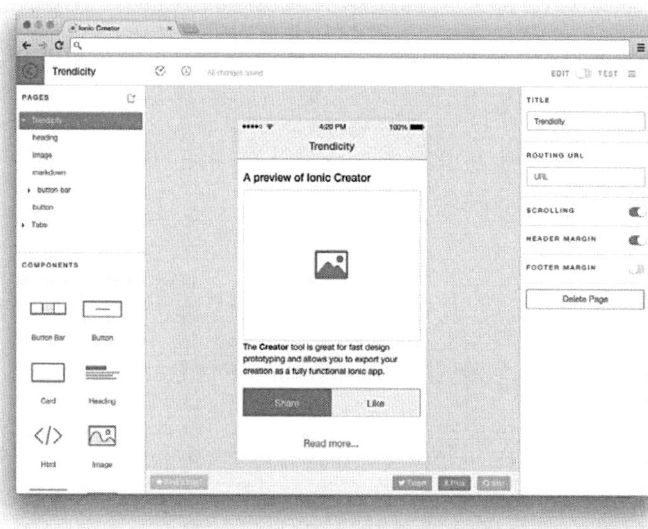

이것은 어플리케이션을 위한 스타일링과 코딩을 하기 전에 빠르게 프로토타입 인터페이스를 디자인하기 위한 훌륭한 툴이다. 이 툴은 Moqups, Invision, 그리고 Mockup.io와 같은 유명한 와이어프레이밍 서비스들과 필적할 수 있다.

Ionic 프레임과 통합된 Creator로 디자인하는 이점은 설치할 준비가 된 디바이스에 완벽한 기능을 가진 어플리케이션을 만들 수 있는 능력이 있다는 것이다.

9.3 Ionic의 진화

Actionsheet, popover, 그리고 slide box와 같은 새로운 컴포넌트의 소개로 Ionic 이 진화하는 과정을 볼 수 있다. collection-repeat의 형태로 향상된 성능, ioni- 접두사와 같은 AngularJS 지시자의 코드 블럭, 그리고 ionicons 이름을 가지고 만든 아이콘셋등 Ionic이 하이브리드 모바일 어플리케이션을 개발하기 위해 점점 완벽한 SDK로 진화하고 있다.

이 플랫폼은 하이브리드 모바일 애플리케이션의 개발을 촉진하기 위한 강력한 도구 모음을 제공한다.

9.3.1. Ionic CLI

Ionic CLI는 최근에 많은 관심을 갖고 있다. 예를 들어 Ionic CLI는 CroslIWalk를 사용하여 안드로이드 어플리케이션을 만들 수 있다. 이것은 기본으로 들어 있는 크롬 웹뷰를 사용하여 높은 성능의 결과를 가져올 수 있다.

이것은 아직 안드로이드 4.0 버전을 사용하는 수많은 사용자의 문을 여는데 중요하고 최근 Chrome in-app browser의 성능을 향상시킬 수 있는 특별한 것이다.

9.3.2. Ionic View

플랫폼을 사용하여 공유하는 것을 Ionic View의 등장으로 단순화되었다. View 어플리케이션은 iOS와 Android 플랫폼을 모두 지원하고 디바이스에 TestFlight 또는 Google Play beta 테스팅 서비스 없이 실행하는 것을 할 수 있다. 당신의 Ionic 어플리케이션을 CLI 명령어 $ionic share [EMAIL]을 사용하여 달성할 수 있다. [EMAIL]은 초청하기 위한 베타 테스터 이메일이다. Ionic View 어플리케이션은 어떻게 팀이 서비스의 다양성을 플랫폼 자체를 사용하여 감싸서 확장할 수 있는지의 예이다.

9.3.3. AngularJS 2.0 지원

최근 AngularJS 2.0의 발표와 함께 Ionic은 프레임워크의 새로운 버전에 완벽히 지원하기로 결정했다. 사실, Ionic 2.0은 새로운 Angular와 통합할 것으로 예상된다. Angular 2.0을 포함하면 그것으로 새로운 구성 요소 모델을 쉽게 확장할 수 있고 어플리케이션의 데이터와 포괄적인 상호작용을 할 수 있는 주요 성능 향상을 가져올 것이다.

9.3.4. ngCordova

게다가, Ionic 팀은 유명한 Cordova 플러그인과 AngularJS와 함께 최적으로 작업할 수 있는 것을 돕는 *ngCordova* 모듈을 만들었다. 이것은 디바이스의 카메라, 사진, 지리정보, 푸시 알림등 많은 Cordova의 플러그인을 상호 작업할 수 있다.

9.3.5. Ions

핵심 Ionic SDK는 *ions*를 포함하는 것으로 촉진된다. 플랫폼의 웹 사이트에 "*ions*는 유용한 addons, 컴포넌트 그리고 존재하는 Ionic을 확장하기 위한

UX 상호작용의 집합을 관장하는 것" 이라고 설명하고 있다. Ionic CLI의 add 명령어를 사용하여 이런 상호작용을 할 수 있는 확장을 다룰 수 있다. 예를 들어, Trendicity에서 "Tinder" 카드를 가져오기 위해 우리는 터미널에서 $ ionic add ionic-ion-tinder-cards라고 명령어를 실행하면 된다.

9.3.6. 다른 뉴스

최근 자바스크립트 기반으로 구현된 것 대신 네이티브 스크롤링을 사용하는 것에 대해 관심을 가진다. 이런 메카니즘을 추가하는 것은 긴 아이템의 리스트를 상호작용으로 아주 부드럽게 할 것이다.

초근 Ionic의 어플리케이션에서 강조하고 있는 것은 플랫폼의 영속성이다. 본질적으로 Ionic 플랫폼은 다른 모바일 플랫폼 가이드라인에 따라 미학적으로 적용되고 공통으로 사용할 수 있는 블럭을 사용한다. 예를들어 *어플리케이션 디자인하기* 장에서 보았듯, Ionic의 액션시트는 iOS와 Android에서 다르게 스타일된다.

Ionic이 유명해지면서 개발자 커뮤니티는 프레임워크의 핵심 기능을 좀 더 강력하게 하기 위해 열심히 노력하고 있다. 예를들어, Collide 라이브러리는 네이티브 JavaScript 에니메이션 엔진으로 모바일 어플리케이션과 웹에 모두 동작한다. iOS를 위한 Facebook의 Pop 엔진과 비슷한 Collide는 하이브리드 어플리케이션에서 에니메이션의 상태를 크게 개선시켰다.

Google의 Material Design은 모바일 디자인 세계에 파장을 일으켰고, Angular Material의 생산을 이끌어냈다. 이 라이브러리는 Material의 웹 컴포넌트를 AngularJS 세계로 포팅한 것이다. AngularJS의 상단에 Ionic이 만들어져 있기 때문에, 이것은 당신의 어플리케이션이 Material의 새로운 디자인

패러다임을 간단하게 사용하고 적용할 수 있다는 것을 의미한다.

9.4 플랫폼으로서 Ionic

플래폼의 다양한 측면을 감안할 때, Ionic 제작자는 하이브리드 모바일 어플리케이션 커뮤니티의 새로운 특별한 서비스의 집합을 제공으로 초기의 구현체를 확장하기로 결정했다. 다른 모바일 플랫폼과 마찬가지로 Ionic은 그 자체로 플랫폼이 될 것이다. 이제 미션은 분석 기능과 푸시 기능을 SDK에 포함하는 것이다.

앞에서 언급한 Ionic Creator는 베타 형태로 이미 구현되어 있다. 이 툴은 가까운 시일내 릴리즈될 것이다.

더구나 Drifty의 Max Lynch와 Ben Sperry는 Youtube에 "The Ionic Show"로 매달 Ionic의 모든 것을 보여 주는데 헌신하고 있다. 호스트들은 SDK에 대한 업데이트, 가장 최신과 훌륭한 어플리케이션의 쇼케이스, 그리고 새로운 것들에 대해서 언급한다.

어플리케이션이 존재했던 첫 해에 이어, Ionic은 플랫폼을 사용하여 만든 400,000개 이상의 어플리케이션을 자랑하고 있다. 더구나 Ionic 프레임워크는 전세계 가장 유명한 top 50 오픈소스 프로젝트에 들었고 GitHub에서 15,000개 이상의 star를 받았다. Ionic 개발자와 함께 세계 각국과 도시에서 많은 모임이 만들어지고 있다. 또한 이런 트랜드를 추진하기 위해, Ionic은 새로운 개발자 커뮤니티 플랫폼을 제시하기 위한 기조연설을 완벽하게 했다. Ionic 팀은 이러한 지역 행사의 주최자에게 스티커와 티셔츠를 무료 상품으로 주고 있다.

9.5 요약

결론적으로, Ionic 프레임워크를 사용하여 어플리케이션을 개발하면 개선된

방식으로 모바일 하이브리드 어플리케이션을 개발할 수 있다. 이것을 위해 개발자 커뮤니티 및 기존 회원들은 Ionic의 기능을 더욱 강력하게 만들기 위해 활발하게 노력하고 있고, Ionic은 완벽한 소프트웨어 개발 플랫폼으로 발전될 것이다.

찾아보기

엣지있게 설명한 Ionic의 소스코드는 유클라우드(http://office.ucloud.com)에서 해당 내용을 내려 받을 수 있습니다.

http://office.ucloud.com 접속

ID: pptsm@ucloud.com / PW: hp2274 입력

[My ucloud] → [게스트폴더] →
[엣지 있게 설명한 Ionic 폴더] PW: ISBN 뒤 8자리(56003816) 입력

정가 17,000원

엣지 있게 설명한 Ionic
Developing an Ionic Edge: HTML5 Cross Platform Hybrid Apps

2015년 7월 20일 초판 인쇄
2015년 7월 30일 초판 발행
저 자 : Anton Shevchenko, Robin van Baalen, Keith D. Moore, Diego Netto, Alan Levicki
역 자 : 송성광
발행자 : 우 명 찬 · 송 준
발행처 : 홍릉과학출판사
주 소 : 142-885 서울시 강북구 인수동 455-60
등 록 : 1976년 10월 21일 제5-66호
전 화 : (02)999-2274~5, 903-7037
팩 스 : (02)905-6729
ISBN : 979-11-5600-381-6
e-mail : hongpub@hongpub.co.kr
http://www.hongpub.co.kr

역자와의 협의하에 인지생략